少しの勇気でムリせず身につく成功習慣

株式会社いっぽまえ代表
伊達 将人
Masato Date

知道出版

はじめに

「願えば叶う！」

「言えば願いは叶う！」

「夢を話していると、勝手に夢が叶う！」

「夢を叶えたいと思うなら、人の3倍の努力をしろ！」


夢を叶えるための自己啓発本は、世には溢れすぎるくらいあります。

そして、成功している人は皆、同じようなことを言います。そのような自己啓発セミナーも、数えきれないほどあります。

これまで私自身も、合計５００万円以上をセミナーに投資し、習得してきました。その内容で特に共感したものは、私自身のセミナーにも取り入れています。


しかし今、本書を手に取っているあなたからすると、

「そんなことはわかっているよ！」

こんな声が聞こえてきそうです。

そして、成功するためには、こんなことも言われてきたのではないかと思います。

・良い高校や大学に行くには、人より3倍勉強をする必要がある。
・営業力を磨くには、人より倍の打席に立つ！（客先を訪問する）
・その為に、足が棒になるまで歩いて足で稼ぐ！

私も同意見です。そのようにして実績を出してきたつもりです。しかし、なかなか最近の若者には通じないどころか、こんな心の声が聞こえてきそうです。

「わかっているんですよ。」

「そんなことは……耳にタコなんですよ。」

「わかっているけど、シンドイでしょ？」

「わかっているけど、勉強嫌いなんです。シンドイのも嫌いなんです。」

「そもそも1番にならなくていいんです。」と……。

はじめに

私は長崎県長崎市に生まれ、山口県山口市の田舎で育ちました。

小学校は、山口大学教育学部附属山口小学校です。この小学校には現在も入学試験があり、現偏差値は70もあるらしく、山口市では1番の進学校です。

1980年代では、離婚はめずらしい時代でしたが、私が小学2年の時、両親は離婚しました。同学年では私を含め、1組目か2組目だったかと思います。

そんな環境下で育った私なので、当時の時代背景から「卑屈」「反骨」の精神が幼少時代に芽生えました。成長すると、スポーツは野球。音楽は「尾崎豊《おざきゆたか》」。漫画は「ビー・バップ・ハイスクール」と、お決まりのザ・'80年代を駆け抜け、青春時代を熱く過ごしました。

高校卒業後は、「えーちゃん」こと矢沢永吉《やざわえいきち》のように成り上がるため山口を離れ、大都会大阪に進学。

そんな流れから、「私もナンバーワンになる!」と思い、頑張って来たつもりです。

当時は、一世を風靡したカッコイイ有名人に憧れて、対人的にはカッコイイことを言っていました。

「絶対やってやる!」「1番になってやる」「考え方は負けない」と。

確かに私は、さまざまな分野でナンバーワンになりました。

幼少時代は、校内マラソン大会4年連続ナンバーワン。サラリーマン時代は、営業、品質改善、粗利率向上などで4度の社長賞含め、5度のナンバーワンになったこともあります。しかし、本音はどうかというと……。


「シンドイわ～」

「面倒くさいわ～」

「苦手なことをやりたくない」

「なんで深夜まで仕事する必要があるの？」

「夜中までお客さんの対応すんの、シンドイわ」

「言ってることはわかるけど、そんなに強くないわ」

と思っていました。


そんな私でも、上司の話や成功している方の話を聞きいては感銘を受けて、「よし！俺も成功したんねん！」と、頑張ってみるのですが、現状とのギャップに打ちひしがれ、最短3日、最長1ヶ月で無理だと思い、諦めてしまうことも多々ありました。そして、ついついお酒や娯楽の魅力に負け、その結果、元の自分に戻ってしまうのです。

それを何回か繰り返すことで、こんな気持ちになります。

「結果、続かない……」「思い通りの結果にならない」という現実を目の当たりにして、「今のままでいいや」「夢見て頑張っても結果同じやん」という思いになるのです。そしてこのマイナスの思いがスパイラルになり、結果『失敗した』という気持ちだけが残ってしまい、最悪な状態に陥ります。

そうなると、自分を極端に卑下して、「どうせ、自分にはできない」という気持ちから、「やれなくたっていいじゃない」「別に1番になりたいわけじゃないし……」という逃げを正当化してしまうのです。

せっかく挑戦して自分をプラスに変えようと思ったにもかかわらず、逆にマイナスに陥ってしまうというはめに。

成功者には、こんな気持ちはけっしてわからないでしょう。

それは、『成功者』だから。

私は、そんな成功者ではありません。

もちろん先述した通り、サラリーマン時代は2社で4度の社長賞を含め、5度のナンバーワンに輝いたこともあります。そして現在は会社を3社経営しています。1年で8割が倒産するという時代の中で、10年が経過しました。

この実績だけ見たら、さも成功しているかのように見えるかもしれません。実際、私を客観的に見ている方からは、事業が簡単に成功し、人生も華やかに見えているようです。

しかし、残念ながら私は今までの人生において、最初の1回で成功したことはありません。いや嘘です。人生で1度だけ、1回で成功したことがあります。原付の免許取得です。それ以外は、全て1回で成功したことはありません。

失敗した例ならば、簡単に数えるだけでもどんどん出てきます。

・中学に始めた新聞配達のアルバイトは、度重なる寝坊によりクビ。
・好きになった女性には、気持ちよくフラれる。
・勉強嫌いな私に家庭教師を付けてもらうも必死に勉強せず、公立高校の受験失敗。
・甲子園球児に憧れ野球部に入部するも、練習中に原付をパクって退部。
・コンビニで万引きがバレ、無期限の停学処分。
・一旗上げるために上京すると言ってはいたが、本当は好きな女子を追いかけるため。

・アルバイトに行くか？　彼女と遊ぶか？　100パーセント彼女と遊びに行く。
・楽をして、お金を稼ぎたい。
・20歳の時に10円ハゲができ、500円玉大まで成長。
・寝坊により遅刻をしてもタイムカードを改竄《かいざん》し、1度目の降格。
・口癖は6D（でも・だって・だけど・だから・どうしても・できない）。
・組織のマネジメントに失敗し、2度目の降格。
・部下とお客様に暴力を振るい、3度目の降格。
・勢いよく独立したものの、見込み売上まで到達せず、毎日100円で生活。
・独立3年目に事業を失敗し、2，000万の借金を抱える。
・可愛いところでいえば、トライアスロンの周回間違い3回でDNF。
　※DNFとは、（Do Not Finish）の略でゴール出来ていないという意味。
・FXに手を出し、一夜で500万の損害を出す。

数え始めるとキリがないです。
だから成功者か失敗者かといえば、後者です。リアルしくじり先生です。

そして、失敗の原因はいくつもあります。列挙してみます。

・意志の弱さ。誰だって、意志は弱いものです。
・成功する方法を1つしか知らない（真正面からクリアしていく方法しか知らない）。
・行動から継続への方法を知らない。
・最初からできない言葉を使って自分に問いかけている（面倒くさい・やりたくない）。
・苦手なこと・嫌なことを実行する時に楽しもうとしていない。

しかし失敗を数多く重ねてきているからこそ、セミナー受講者の気持ちがわかるのです。私は本当に意志が弱かった奴だったと思います。幼少時代からいくつも失敗を重ねてきました。

其の一・新聞配達1ヶ月で解雇事件！

家が貧しかったため自分の小遣いを増やしたくて、中2で始めた新聞配達のアルバイト！　家計の足しにする気は全くありませんでした。

当時、仲村トオル主演の映画「ビーバップ・ハイスクール」が流行っていました。ヤンキーの学校生活を描いた不良漫画が原作の映画です。主人公たちが履いているボンタンや短ランを買いたい！　という理由から、新聞配達を始めたのです。

高校受験を控えた大事な時期にもかかわらず、母の反対を押し切り勝手に始めたものの、度重なる寝坊により1ヶ月でクビ勧告。

其の二　落ちこぼれ1・6パーセント以内に入る

中学時代は、「公立高校に行けばイイんだろ！」と母親に啖呵《たんか》を切り、家計が苦しいことも考えず「塾に行かせてくれ！」とお願いしました。

おそらく当時の母親の給与は、10万くらいでした。それにもかかわらず、塾に行かせてくれたのです。それなのに私は、必死に勉強せず、公立高校の受験に失敗。ちなみに学年で公立高校の受験に失敗したのは、私を含め4名だけでした。学年でマイナスの1・6パーセントに入る結果に。

其の三　原付パクリ事件！

公立高校に行けないなら、甲子園を目指そう！　と強豪校に入学し野球部に入るも、幼少時代からガチで練習してきた他の部員には到底かなうことはなく、当たり前の球拾いに。

高校は全寮制で、上下関係が厳しく先輩にイジメられていました。全く楽しくない学校生活を送る中、ある日の練習中、球拾いに行った時に民家の原付をパクりました。ある程度乗った後、別の場所に隠していたら即バレてしまい退部。甲子園球児になる夢は絶たれてしまいました。

意志の弱い、最弱の男だったと反省。

こんな経歴を持つ私ですが、大きな転機がやってきました。今までまともに勉強をしてこなかった私が、あることをきっかけに〝知らないと損〟と痛切に感じることがあったのです。そして今では、人財教育（育成）が生業となりました。

そのきっかけとは、サラリーマン時代に会社が推奨していた20世紀のビジネス書で最も売れたと言われる『7つの習慣』（スティーヴン・コヴィー博士著）のセミナーを受講したことです。

当時の私は、セミナー講師からすると最低な受講者でした。腕や脚を組み、ふんぞり返ってメモは取らない。それどころか、セミナー自体を「意味がない」と言い、講義を潰しにかかるヤンキーのようでした。

そんな態度で受講していたにもかかわらず、受講していくうちに7つの習慣のセミナーは今までになく心に刺さる、ピンとくるプログラムだと感じました。

さらに自社の規模が拡大していくと、有名大学出身の社員も増え、高卒の私は、「これは学ばないと勝てない」と痛切に感じた瞬間もあったのです。

私の人生の中には、こんなきっかけがちょくちょくあります。勉強嫌いで学ぶことをやめた私ですが、読んだことのないビジネス書（主に自己啓発ですが……）を読み漁ろう！と思い立ったのです。しかし読書に慣れていない私は、本を読んでもすぐに眠たくなってしまう。そこで、セミナー形式が最適ではないかと思いつきました。そして大前提として「自分だけ知識をつけても組織全体が強くならないから、自社組織のメンバーにも全員受講を徹底！」という大号令をかけ、自社の教育研修部を使い、組織内のスタッフさんにも学んでいただいたのです。その度に私はオブザーバーとして参加していましたが、おかげで何度も復習することにもなりました。組織内のスタッフさんは学ぶことにより成長し、エリアを統括する部長を6人も輩出することができました。
こんな偶然の賜物が、私の実績になったのです。

その後、廃業・転職を経て、新たに起業することになりますが、この間に先述の『7つの習慣』を和訳したジェームス・スキナー氏の『成功の9ステップ』に参加し、リアルで研修を実践しました。

その後も過去40年間、世界85か国以上の国で開催され、145、000人が参加した『Money &You』の日本初開催セミナーも受講しました。このセミナーは、アメリカの自己啓発作家でメンタルコーチのアンソニー・ロビンズ氏やウェルスダイナミクスを考案したロジャー・J・ハミルトン氏、『金持ち父さん貧乏父さん』シリーズの著者としても有名なロバート・キヨサキ氏が共に学ばれたセミナーです。

その後私は、そのセミナーのノウハウを独自に改良し、日本の社会に合った人財育成プログラムを開発しました。今では、北は北海道から南は奄美大島まで、企業研修を実施しています。

これまでのセミナー開催は500回以上の実施に至っていますが、その内容はさらに進化を遂げて**【いっぽまえメソッド】**（※特許取得済）として完成しました。

受講生は当初、さまざまな年齢層や階層の方々を対象にしていましたが、徐々に新入社員をメインとし、今では企業様に研修を実施しています。

私とは世代の違う彼ら（高卒18歳・短大卒20歳・大卒22歳）に対し、研修をして触れ合うことで、若い彼らのリアルな声を聞くことができます。その機会が増えると、世代が違う私でも彼らの気持ちが少し理解できるようになりました。

私自身、失敗ばかりしている人生だからこそ、彼らの気持ちがわかるのではないか？と改めて私自身が気づかされたというのが本音かもしれません。

この本を手にしているあなたは、以下に該当するのではないでしょうか。

・〝自分はデキない〟と感じている20代、30代の人
・これから社会に出ていく高校生にどう寄り添っていいかわからない先生
・若者とのコミュニケーションが取れない自分を〝認めたくない〟と思っている人

・できれば〝現状を変えたい！〟〝成功したい〟と思っている人
・〝そんなに志は高くない〟〝できれば楽して成功したい〟と思っている人
・今後の未来を考え、副業しようと思っている人
・独立したいけど、何から始めれば良いかわからない人
・10代や20代の若者に対して「どのように接したらいいかわからない」と思っている管理職や指導者

弊社の社名『**いっぽまえ**』『**フミダス**』のきっかけ（由来）は、サラリーマン時代に、独立する勇気がない私の背中を押してくれた友人から言われた以下の言葉からです。

「独立するかしないかの差は、
『いっぽまえに踏み出す勇気があるか？　ないか？　だけだ』」

日々、名刺交換をする度に『いっぽまえの伊達です』と言うことで、自分自身が前に進むことができるのではないか？　と思い命名しました。

そして独立して10年の間、時代やニーズに合わせ、肩書きや、時には業態までも変更し変化してきました。

サラリーマン時代は携帯電話の販売をしていたので、そのまま法人用携帯電話の販売会社として独立したのですが、携帯の代理店という普通の肩書きではなく、「携帯料金圧縮アドバイザー」という肩書きを名乗り販売に至りました。

おかげさまで、２年間で３、４５０台（業界平均の4倍）を販売しました。

携帯料金圧縮アドバイザーとして企業に訪問する際は、いつも次の３つの質問を投げかけておりました。

「困っていること」
「やりたいこと」
「ワクワクすること」

このどれかをお聞きして、その悩みを解決してきました。

そしてお客様の要望を聞き、それに応えていくこと＝コンサルタントということに気づき、今度は「携帯ショップ専門のコンサルタント」という肩書きを身に纏い、お客様の要望にお応えしてきたのです。

例えば、

「販売力がない！」と言われれば、販売力を！
「営業力がない！」と言われれば、営業力を！

実績が自分になければ、要望に応えることはできない。自分の強みは何なのか？　と自問し、自分を棚下ししてみると、サラリーマン時代にベンチャー企業に14年間勤務し、2社（両社とも東証一部上場企業）でナンバーワンを5度獲得したという『営業力』のノウハウに行き着きました。同時にマーケティングも学んでいたのと、当時はまだ新しかった『売りつけるのではなく選んでもらう価値提案の研修』も学び、実施してきました。

おかげで販売力アップ、営業力アップの研修の実施にも至り、目先の売上欲しさのための売上増ではなく『お客様のファン作りとして、一生涯通っていただく関係性作り』ができ、お客様に喜んでいただくことができました。

ある時期に、セミナー終了後のフィードバックの際、また例の3つの質問をしました。すると、研修自体には喜んでいただいたのですが、困っていることの一つとして、「営業力の前にコミュニケーション力がない……」という返答をいただきました。

言われてみれば確かにその通りです。コミュニケーションについては学校の授業で学んだことがないことに気づきました。

主要5教科（英数国理社）と実技教科（音楽・美術・技術・家庭・保健体育）は学ぶし、『道徳』の授業もある。しかし、『コミュニケーションの授業はない』と。

そして、社会に出ると過去に学んだことがないにもかかわらず、『KY（空気読めない）』『コミュ障（コミュニケーション障害）』と言われ、気づけば自分自身が「コミュ障なんで……」と認めてしまっているのが世の常ではないか？ と。

『営業力＝コミュニケーション力』を標榜して受講生に伝えている私としても、このことは腑に落ちました。そしてさらなるスキルアップのために、バーバルとノンバーバル、NLP（VAK）を学びました。

それから私は、さらにコミュケーションに関係する知識を貪欲に学び始めました。内容は、「伝える力」「聞く力」「考える力」「巻き込む力」。自分が伝えたつもりになっていても伝わっていない。聞いたつもりでも聞いていない。これらの高度なスキルを学んでいくほど、コミュニケーションスキルの大切さに気づきました。

そして、なぜ人は違うのか？　ということにも興味を持ち、その本質を学びました。本質を追求すると、さまざまな分野のことを学ぶようになるのです。

その中の一つが、1997年に作られ、四柱推命をベースとした『個性心理學（動物占い）』です。そして『個性心理學』の基礎であり古来から伝わる『陰陽五行論』や、地球が出来上がる前のビッグバンにも遡《さかのぼ》る『情報算命学』など、興味を持ち始めるとキリがありません。

また、一人ひとりに似合う色や個々を引き立たせる色について知る『パーソナルカラー診断』も、コミュニケーションの一環として学びました。

ちなみに、布を顔の付近に当てて診断する「ドレープ診断」だけではなく、体の様々な部位（髪・顔・爪など）や骨格の色・質感・形から自分に合う色を判断をする「開運骨格パーソナルカラー診断」については、創始者で全国35，000人以上を診断されてきた田村香春《たむらかはる》さんより、直接ご指導いただきました。併せて、生年月日からその人のストロングポイントやウィークポイントを把握し、カラーによって整える「相対性分析学」FLM（Fortune Link Method）などなど、数え出すとキリがありません。

人材派遣業界業から通信販売業のベンチャー、かつ上場企業を渡り歩いてきた私ですが、起業後は肩書きを変え、その時に直面する問題に向き合ってきて、現在は、「人財育成コンサルタント」として企業の社員を中心にセミナーを実施しています。

そして現在は、『笑顔で豊かに健康に』を合言葉に、「人生を楽しく笑いながら夢を叶えていく〜ドリームハック〜」として、企業だけでなく、個人事業主・主婦・サラリーマン・学校の先生など、幅広い職業・年齢層を対象に、楽しむ思考を学ぶ『人生楽笑塾』を開講しました。

そして、もっと学びしっかり稼ぐ『人生楽笑アカデミー』を開校し、人生を楽しく笑いながら生きていく人を世界中に増やしております。

本書は、私と同様に「夢なんて諦めた」「夢や目標なんか叶わない」「一歩前に進んだ方がいいとは思うけど、進み方がわからない」と思っているあなた、もしくは若者を指導する皆さんが、本書のステップを踏むことで、まずは自分自身がいっ・ぽ・ま・えに踏み出すことができ、気がつけば周囲から、「いつも楽しそう」「いつも、いっぽまえに進んでいる」と思われ、カンタン・カイテキに夢を叶えていることができる＝『人生を楽しく笑いながら生きていく』ワーク本です。

本書を読み終わった時は、最低でも以下のことは理解できるようになります。

・できない！　できなくていいや！　と思っていた気持ちが「できるかも？」というきっかけやその気になれます。この『その気になる』ことが『できる！』につながるのです。

・5年後・3年後・1年後のあなたの夢（やりたい事）が明確化になり、自分の可能性を感じ、明るい気持ちになります。

・皆さんが苦手なゴールを達成するために必要な継続する方法がわかり、実践することで一年後はあなたの強みに変わります。

企業研修終了後のお客様のご感想を引用します。

「生き残っている会社は変化に対応しているので、今後のことを考えると変化は必要。

まず変化のきっかけになり、その後、起爆剤になってくれている」
そんな人生のきっかけを掴んで欲しいと感じています。
では、一緒に楽しんでいっぽずつ、進んでいきましょう！

伊達将人

少しの勇気でムリせず身につく成功習慣 ☆ 目次

第3章　目標の明確化&宣言すると希望に変わる…………91

目次

序章

やる気が上がらない
4つの理由

今までやる気がなかったり、夢をもてなかったりしていた人は多いと思います。
それはなぜか。
早速ですが、その理由をご説明します。

まず、やる気が上がらないあなたには、以下4つの理由が背景にあると考えられます。

1『夢』というものは、大きいものでなくてはならないと考えている
2 夢＝過去の大きな目標＝できない（無理）のスパイラルが出来上がっている
3 目標＝達成しないといけない。が、やりたいことを失くさせている
4 目標を立てること＝ゴール。と認識している指導方法が多い

1『夢』というものは、大きいものでなくてはならないと考えている

誰にだって、何歳になっても夢ややりたいことはあります。
しかし、昭和生まれのサラリーマンのほとんどが、「人生こんなもんか…」「夢＝過去

に描いた理想像」と思っています。

そして、できない自分と向き合いたくないが故に『夢』を見なくなり、夢という言葉さえ忘れてしまうのです。しかし私のワークに取り組めば、忘れていた夢を思い出すことができます。

2　夢＝過去の大きな目標＝できない（無理）のスパイラルが出来上がっている

過去に思い描いた夢や希望を、大人になり「できない」思考の頭で考え結論を出したことや、過去に調べた記憶でできないと判断したことにより、全体の61パーセントの方が『夢ややりたいこと＝過去のこと＝不可能』のスパイラルにはまっています。しかし、やり方次第では『できるかもしれない』と感じ、その気になることが可能になるのです。

3　目標＝達成しないといけない。が、やりたいことを失くさせている

『過去の失敗にフォーカスを当てない』

私は全ての目標を全て1回のチャレンジでクリアしてきた人は、この世にいないと思っています。

しかし1回で成功することなどないのに、失敗したことにフォーカスを当てずに成功体験だけ考えさせるのが大半です。だから、次も同じ失敗を繰り返してしまうのです。

ここでは『できない自分と向き合う』必要があります。できない自分をあぶり出し過去の自分と決別する。その自分にならないように目標を設定するのです。

4　目標を立てること＝ゴール。と認識している指導方法が多い

目標を立てることとは、どのセミナーでも行っています。

4日間缶詰状態の環境で、火の上を歩いて「自分はできる！」と潜在意識に働きかけたり、大きな声で発言したりと、様々な手法で行われています。

しかし、目標を立てた時がモチベーションのＭＡＸであり、日々時間が経過すると目標に近づいているという実感がなく、忘れてしまうことが大半なのです。

日々の行動がゴールに近づいていると実感することこそが、原動力になるのです。そしてそれに必要なこととは、『継続すること』なのです。

第1章

いくつになっても夢はある

就職＝ゴールではない

夢＝理想の自分＝高い目標

夢は大人が見るものではないと思っている人や、そもそも『夢』と言う言葉自体、社会人になる前までの言葉だと多くの人が思っています。

私はコンサル先の新入社員を中心に、これまで全国1万人以上の企業の社員に研修を実施してきました。その初回に、必ずお聞きすることがあります。

「夢はありますか？」

手を挙げる人は全体の僅か（大体8パーセント）しかおらず、逆に「会社が面白くない」「辞めたい」と答えた人は全体の92パーセントでした（＊当社調べ）。

なぜそんなことが起きるのか？

それは、知らず知らずに『就職して社会人になる＝ゴール』と育てられてきたからです。

あなたのご両親や、それが正しいと思っている人もまだまだ多くいるでしょう。倒産・廃業・リストラにならない為に、学歴を積み、良い企業に入る。

コロナ禍になり少しは考えが変わったかもしれませんが、いまだにそう思っている人が多くいます。この選択肢や情報過多の時代でかつ、一流と言われる大学に入学した人でも「日本の一流企業に入社することが目標です」と言います。

親から言われ続ける同じこと

近年、英語が小学校から必須教科になりましたが、投資やお金に関する授業はなく、教えられることは英数国理社のみ。実は英語以外、ほぼ戦後すぐと同じなのです。

塾で教えられることは、高校や大学に入るために覚えることばかり。そして大体、親から言われることは決まってこうです。仮にストレートで大学までいったとしましょう。

「どこの中学に行くの？」12歳
「どこの高校に行くの？」15歳
「どこの大学に行くの？」18歳
「将来何になりたいの？」22歳

社会人になったら、
「おめでとう！　これで一安心ね」22歳

その後、社会人になって言われることは、
「いつ結婚するの？」「孫が見たい」「2人目は？」「いつ家を建てるの？」

気づけば、30歳！　子供が大きくなるまでは……。と、自分の幸せより子供の幸せ！

その後、親から言われる言葉は、「夫婦関係はうまくいっている？」「身体は元気？」のみではありませんか。残念ながら、あながち間違っていないはずです。

もちろん、それは子供の将来を思い、心配して声をかけてくれるので、全く否定をするつもりはありません。しかし、現実だから仕方ありません。もちろん私の母親も同じです。

楽しみ楽しませること

今一度、いやもしかすると人生で初めてかもしれませんが、あなたの『夢』や『やりたい事』を顕在化していただきたいのです。

私は今、50歳手前ですが、やりたいことは数えきれないほどあります。

行きたいところ＝世界196カ国全て回りたいと思いますし、世界遺産巡りもしたい。国内は都道府県全て制覇しましたが、一つの県でも全く知らないところばかり。島国日本は離島も数え切れないほどあり、その土地の人々や文化に触れることは、非常に楽しいものです。

食べたいものは、高い金額を出して食べるのもいいですが、私はその土地の特産物を新鮮な状態でいただくことに魅力を感じます。

また最近、社員募集中の弊社は面接をしているのですが、30代後半~40代の方でもこんなことをよくおっしゃいます。

「いい加減にいい年なんで……」「そろそろ年なので……」

しかし、どう考えても人生は今からです。人生100年時代と言われ、仮に今40歳だとしても残り60年。まだ折り返しにも到達していない。そんな話を聞くと、すでにその時点で一緒に仕事がしたいと思いません。

長い人生チャレンジしてみる

アメリカのモチベーションコーチの自己啓発作家でパッションテストの創始者である、ジャネット・アットウッド氏はこのように述べています。

『はっきり言ってほとんどの人が最初にやらなければいけないのは自分の最も大事な「願望」を見つけ出すことです。目標さえ設定できればあなたはパワフルに行動できるようになります』

さらに、『1分間でやる気が出る146のヒント』の著者であり、経営コンサルタントとしても多くの実積を持ち、リーダーシップについても造詣が深く、モチベーションの第一人者として全米で講演活動をしているドン・エシッグ氏もこのように述べています。

『私たちは「もう年だ」「燃え尽きた」「いまさら何かを学ぶなんてできるはずがない」といった言い訳をよく耳にする。（中略）しかし、どんなことでも情熱を傾ければ必ずできる。年齢は関係ない。どうすれば自分の目標を達成できるかを考えてみよう。人生に対する情熱を取り戻し、最大限に充実した人生を送ろう。人生は短い。ぼやぼやしていると、あっという間に終わってしまう』

つまり幾つになっても、「何をしたいか？」という目標を明確化する必要があるのです。

『明確化＝本気』のイメージがあると思いますが、ガチじゃなくチャラくてもいいのです。「こんなことができたらいいなぁ」と、ワクワクすることから始まるんです。

まずはきっかけが大事です。すでに諦めている人は、ワクワクが非常に難しく感じると思いますので、まずは「こんなことができたらいいなぁ」と思い描くことから始めると良いでしょう。

思考の変化のタイミング

元々ネガティブ思考の私がいつどのようなタイミングで現在の考え方に変わったのか、ここで少しお話させていただきます。

それは、あるセミナーへの参加がきっかけでした。

そのセミナーは、人生計画を作り自分の『夢』を見つけ、その為に必要な資源（金・人）を考え、何が不足しているかを考えてみるという、そんなセミナーでした。

しかし「できない！」という思考では「できる」イメージはわかず、ワークも「どうせできない！」と思っていたので、なかなか出てきません。

そして極め付けは、『夢』という言葉に対し、「大きくしなければならない」というイメージが定着しており、届かない目標にする癖がついていたのです。

その考えを取っ払って考えるワーク

『もし仮に、時間・お金・環境に全く制限がないとするならば、どんなことをしたいか？』

全く制限がないとは、

・お金が大量にあり、どんなに使っても減らない。
・時間に追われることもなく、毎日何に時間を使ってもいい
・会社や自宅の場所や環境は全く関係ない。

そういう条件下で書いたらどうなるだろう。そして、非日常的な環境下で書いたらどん

な気分になるだろう、と思い書いてみました。

すると、出るわ出るわで、50個くらいはカンタンに出てきました。

そして一旦ワークを終え、なんとなく以下のことを考えて数日過ごしました。

「どんなことをしたいのか?」「誰に会いたいのか?」「どこに行きたいのか?」「どんな空間を過ごしたいのか?」「どんな風景で朝を迎えたいか?」

するとその後、残りの50個もカンタンに書き出すことができました。

現在の思考で物事を考えると、やりたいことも現状範囲内に収まってしまいます。思考を広げることで、自分の視野を突破することができるのです。

あなたも、私と同じように思考を拡張化することは可能です。

眠っているあなたの目標(夢)の顕在化をする方法

夢［やりたいこと］を見える化する！

希望の顕在化シート

A3 SIZE

あなたの やってみたいこと・欲しいもの・行きたい場所・食べたいもの・会ってみたい人 などを100個書き出して下さい。箇条書きでOK。（10分間）

01 まずは書き出してみよう！

お金も時間も無制限にあるし、手伝ってくれる人もいる。今だけは、仕事や家庭、煩わしい人間関係など脇に置いて考えてみよう。ペンを走らせて、数にこだわって箇条書きで出して行こう。

（例）宝くじで100億円当たったら何をする？ 何を買う？
→ ベンツ、沖縄に別荘、バーキンの赤、ヨーロッパ旅行 など

02 過去を思い返してみよう！

やりたいことが思い浮かばないのは、今の自分の視点で考えているから。子どもの頃、何の責任も感じず、囚われもなかった時のように、無理！ 無駄！ もったいない！ を取り払って考えよう。

（例）小・中・高校生の頃にやってみたかったことは？
→ バンドマン、パイロット、アイドル、無駄遣い生活 など

03 未知の世界を見てみよう！

やりたいことが思い浮かばないのは、今の知識や情報で考えているから。カンニングもオッケー、周りの人のやりたいことを覗かせてもらおう。ネットを使って新しい世界を検索してみよう。

（例）ネット検索 → 北海道観光20選、ヨーロッパ旅行
→ サロマ湖、天に続く道、ヴィルトキアーノ、ダムラック通り など

ワーク1

『時間・お金・環境に全く制限がないとして、あなたが行きたい所・欲しいモノ・やりたいこと・会いたい人・食べたいモノを100個書き出してください』（＊前頁参照）

なんでも構いません。会いたい人は、故人でも偉人でも構いません。どこでもドアでもタイムマシンでも、使い放題です。時間もお金も山ほどあります。行きたいところではなく「どうせ暇やから行ってみよう」とそんなレベルで構いません。欲しい物も、ベンツも2シーターとゲレンデヴァーゲンのどちらかを悩むのではなく、両方とも買ってください。

フォアグラでもトリュフでも、好きじゃなければ、一口食べて捨てても構いません。

ただし、以下の3つのルールがあります。

ルール1　自宅や職場など、現実的（非日常）ではない空間で書くこと

自宅や職場など、いつもいる空間でワークをしてもワクワク感は生まれません。できれば、海など見晴らしがいい場所や高級ホテル、もしくはオシャレなカフェなど現実逃避が出来る空間や場所が良いでしょう。南国が好きなら、南国をイメージをしているカフェやレストランなども気持ちが上がる所です。

ここは楽しんで行う作業です。日常の空間で嫌々書くことではありません。

もしかするとあなたは今まで、一杯1、200円する高級ホテルのコーヒーを飲んだことがないかもしれません。コンビニで買えば100円、あなたがいつも通うカフェでも300円かもしれません。もしそれなら是非一度、一杯1、200円のコーヒーにチャレンジしてください。

非日常というのは、普段にはない特別な空間・時間・体験・お金の使い方を楽しむことです。人間誰しもが今までの経験と常識をベースに物事を判断する傾向にあります。

勇気がいることかもしれませんが、チャレンジしてみてください。

ルール2　目標の粒度は細かくする

アメリカのモチベーションスピーカーで著述家のマーク・ビクター・ハンセンは、こう述べています。

『大きな結果を達成する唯一の方法は大きな目標を設定することです』


しかし、私はそうは思いません。

すでに大きな志を持てるイメージがついているなら、大きな目標を設定すると良いかと思いますが、大きすぎると「できない」というイメージがわくので、第一歩が踏み出しにくいのです。

例えば、『北海道』ではなく、『札幌』『旭川動物園』『納沙布岬《のさっぷ》』『網走監獄《あばしりかんごく》』。『九州』ではなく『福岡太宰府天満宮』『佐賀の呼子のイカ』『宮崎シーガイア』『鹿児島は西郷さん最後の地、城山』『知覧特攻隊』など。


この間の夏休みに、北海道の道東エリアを訪れました。今まで札幌には仕事や遊びで何度も訪れたことはありましたが、道東エリアは初めてでした。

道東エリアの名所は、サロマ湖・網走・根室・納沙布岬・阿寒湖《あかんこ》・アイヌコタン・

摩周湖《ましゅうこ》・神の子池です。行ってみて初めて実感しましたが、北海道は本当に大きく見渡す限りの地平線。調べると東北6県より大きいとのことです。

日本最北端で北方領土に一番近い根室市にも行きました。ここでしか食べられない花咲カニやトロしめ鯖《さば》などにも舌鼓を打ち、口福を満たしました。

都市名や食べ物を書き出す上で、それがどんなものか、美味しいものか、そんなことはある意味関係ありません。

聞いたことがあるというレベルで構いません。だから世界一周や日本一周はもっての他です。

ヨーロッパもアメリカもダメです。なるべく細かく具体的に書いてください。思いつきでもいいです。知らなかったら、その国の観光20選などを調べてください。調べたことをそのまま書いてもいいのです。

と言われても、全てを書く必要はありません。あくまでも少し興味が湧くという感じです。全く興味がないこともあります。それをわざわざ書こうとは思わなくていいのです。

例えば、私はそれほど動物が好きではありません。だから、動物園が観光20選に載っていても、それは夢リストに追加はしないと思います。

しかし、会ってみたい動物はいます。奄美大島のアマミノクロウサギとか、野生のペンギンや、ガラパゴス諸島にいる日本では見られないような動物です。

それを進めていくと、どこかに偏《かたよ》りは出てきます。

動物？　天体？　自然？　不毛地帯？

必ず共通点は生まれます。さらに書き出していくと、分類されていることに気づきます。

その時に「俺、こんなことに興味あるんだ」「そういえば、昔こんなことめちゃくちゃ興味があった」自分で思い出すことができなければ、ご両親や身近な親族に聞いてみてください。

あなたでも思い出せないことや気づかないことに、興味を持っていたことに気づきます。

忘れていた幼少時代の夢を呼び戻す

私の幼少時代の夢は、「甲子園に出場する」でした。

その為に、山口市から近くしかも甲子園を狙えそうな隣町の私立多々良学園高校（現在高川学園）を選び、入学しました。

しかし、小中学時代、真剣に練習したわけでもなく、弱小野球部で中学生活を送った私には、強豪校のレギュラーなんて夢のまた夢でした。

そんな自分に嫌気が差したのと、つまらない日常だったこともあり、入部3カ月目のある日、民家に止めてあった原付を勝手に借り、少しの時間乗り回しました。もちろんその後、学校にバレて野球部は退部となりました。夢の終わりです。

しかし、他にも夢があったことを思い出すことがありました。

先ほど紹介したセミナーでワークを行った時に書いた一つが、『ホノルルマラソンに出場し完走する』でした。

「大富豪になる」「プロ野球選手になる」ことだけが夢だと思っていましたが、そういえば、「ホノルルマラソンに出たい！」と思っていたことを思い出したのです。

そのきっかけは、小学5年の図工の授業で制作したブックエンドの側面に、当時の日本マラソン界のスター瀬古利彦《せことしひこ》氏の名前を、反対側の側面には瀬古氏のライバル宗茂《そうしげる》氏・宗猛《そうたけし》氏（宗兄弟）の名前を書いていたことを思い出したのです。

私は、校内マラソンで4年連続優勝したこともありましたが、「そういえば、走ることが好きだったんだな～」と思い出した瞬間でした。

今では世界中でマラソンが開催され、大会要項などの情報も容易に得られます。様々な大会があることは把握できますが、当時は海外のマラソン＝ホノルルマラソンでした。

昔感じた気持ちを思い出してしまったので、「いつかは、ホノルルマラソンに出場し完走する！」と決めました。

しかし、1年目（2015年）は明確にいつ出場すると決めていなかったのと、その為の準備をしていなかったので、お金の都合がつかずに参加できませんでした。

そこで2年目（2016年）は昨年の反省を活かし、先にお金を払い退路を断つことに。アーリーエントリーをしてエントリーフィーを支払いました。しかし、ありがたいことに仕事が忙しく断念。

そして3年目の2017年も、前年同様アーリーエントリー。併せて、宿の手配し、

「12月6日~11日は休む」とお客様にも宣言し、無理やり参加することができました。

私のセミナーの初回は、必ずホノルルマラソン初出場の時の写真を出しています。そこに写っている出発前の自分の顔は、数ある写真の中でも一番好きな顔です。

取り繕《つくろ》うことなく、純粋に夢を叶えることができたという顔は、幸せに満ち溢れています。早朝からのスタートの為、ゴールした時はボコボコの顔になりましたが、今見ても嬉しかった記憶は思い出されます。

国内でフルマラソンを何度も完走していた私でしたので、ホノルルマラソンを完走することは容易でした。しかもタイムも関係なく楽しんで走ったので、問題なく完走することができました。

その時の気持ちったらありゃしない、感無量でした。まさに夢が叶った瞬間でした。

本当に嬉しかったですし、ゴールと同時に涙が溢れた時のあの感動は今でも忘れられません。

夢＝精神的な達成感

帰国後、青年会議所（JC）時代からの友人であり、仕事のお手伝いもさせていただいているN君との会食中に、嬉しそうに私がホノルルマラソンの話していると、彼から、「トライアスロンの方がマラソンよりしんどいのに、ホノルルマラソンの方が嬉しいのはなぜ？」と聞かれました。

私は「身体のキツさではなく、昔からの夢を叶えたというなんともいえない達成感だった」と答えました。

体力的な疲労より、精神的な達成感の方が幸福度は増します。

私はこのワークを毎年実施しています。

1年ごとの変化はあまりありませんが、3年前と比較すると明らかに違うのです。

3年前は国内がメインだったにもかかわらず、3年後は海外が6割を占め、究極はこれです。

「南極マラソン」

南極大陸はそもそも誰しもカンタンに行ける所ではありません。

「そもそも行けるの?」「行けるなら南極にはどうやっていくの?」と調べていたら、偶然友人から声がかかりました。

「伊達!　南極マラソンってあるけど、話聞かない?」

私の第一声は「南極マラソン?」


南極のイメージは、猛吹雪の中、完全防寒でアイザックを履き、ホワイトアウトの中、一歩ずつ歩み南極点に向かう。

懐かしの映画、南極物語のタロージロ―のイメージだったのでマラソンともなると、非常に過酷な印象でしたし、「そもそもゴールできるのか?」と半信半疑でした。

しかしせっかくのご縁なので、一度話を聞いてみたところ、防寒はするものの、走りやすい格好で、普通に走っているではありませんか。

しかもフルマラソン(42・195キロ)の優勝タイムは、3時間30分台。「もしかすると私でも優勝できるのでは？」とも思いました。

渡航ルートは、チリ共和国の南端で南極の飛行機の玄関口、プンタアレナスから飛行機で南極へ。その定員は55人。渡航費は３００万弱。

南極に向かう機内と南極大陸で、各国の方々に対し、「英語でセミナーができたら面白い」と感じました。もし計画が実行されると、私の肩書きは『地球で最南端の南極大陸でセミナーをした講師』。こんな感じになるだろうと。

そんなことを考えたり、想像したりする内にドンドン興味が湧き、やりたいことが出てきます。

この南極マラソンを知ったのは、友人が声をかけてくれたことがきっかけですが、その話を聞いてみようと思い行動したことで実現しました。

孝道ではなく「行動」

先に進むかどうかは自分次第です。

チャンスは一度しか来ません。

『幸福の女神は、前髪しかない！』と聞いたことありませんか？

前から、幸福の女神が向かってきて、チャンスと捉えた人は、その場で女神の髪を掴み、チャンスを掴みます。通り過ぎ去った後に掴もうとしても後頭部には髪がないので、掴むことができない。つまり、チャンスは一度しかない、という喩《たと》えです。


同様の喩えに「流しそうめん理論」があります。

「もう少し様子を見てみよう！」と思っているうちに、

「目の前をチャンスが逃げて行き、美味しいそうめんは流れていく」

様子を見るということ＝チャンスを失うということは同じ。

人生という流しそうめんは、目の前を流れる時にパッとつかむのが一番美味しい。後になって、桶に溜まったそうめんを掬《すく》って食べてもちっとも美味しくない。

幸福の女神と同じですね。

不可能と思っているのは、あなた自身ですから。

改めてワーク1を見てみます。

『時間・お金・環境に全く制限がないとして、あなたが行きたい所・欲しいモノ・やりたい事・会いたい人・食べたいモノを100個書き出してください』(47頁参照)

欲しい物の書き出し方の注意点ですが、仮に500万円や2,000万円以上する高級なエルメスのバーキンのブルーとブラウン、どちらを買おうかを迷っていたら、2つとも買ってください。

どちらがいいか考える必要はありません。だってあなたは、時間もお金も何もかも有り余っているからです。

めちゃくちゃ欲しい物じゃなくてもいいです。とにかく、巷《ちまた》で流行りのモノでもなんでも、書き出すことが大事なのです。

ただ先述したように、「周りがやっているから自分も」というような考え方はしないでくださいね。

ルール3　ルール1・2の同じ作業を10分間ずつ3回実行する

もちろん、続々とやりたいことなどが出ている時は、書く手を止める必要はありません。

しかし、「なかなか出てこないなぁ」と思ったり、「はぁ…」とため息が出たり、頭を抱えながら書いたりしている時は、速攻で中止してください。

だって、やりたいこと＝いわば自分の希望を考えているのに、ため息つくなんて、その時点で気分が乗っていない証拠ですよね。

そういう時は、間を空けた方がいいんです。

仮に続々と出てきている人も、ちょっと間を空けるとまた、ヒラメキが出ます。

あくまでも、楽しんで想像を膨らませることなのに、「出さないといけない」という考えになってしまうと、出るわけがありません。

出ない時は速攻でやめてください。


私のセミナーの際も、これは宿題にする内容です。セミナールームのグレーで無機質な空間で書き出しても、現実の中での思考にしかならないのです。

数年に一度、グアムやハワイに渡航していた頃のことです。帰国中の機内で強く感じたことがありました。

グアムやハワイのイメージカラーって、とてもカラフルではありませんか？「青い空と海」「白い雲」「どこまでも続く大地」「生い茂った緑」。ホテルもピンク色をしています。それに比べて日本はどうでしょう。

「コンクリートのグレー」「道路の黒」「淀んだ空の色」緑も少なく、全体的に暗いイメージではないでしょうか。

そんな空間に囲まれて、明るく豊かなイメージが持てるでしょうか。

私は持てません。

だから、発想を豊かにする為にも、職場でも自宅でもなく、まったりした空間で実践することをお勧めします。

もし仮に、3回実行しても100個出てこなかったあなたにヒントを一つ。

例えば、会いたい人が出てこない場合は、亡くなった方（祖父母）、偉人（坂木龍馬《さかもとりょうま》・織田信長《おだのぶなが》など）でも、昔好きだったアイドル（中森明菜《なかもりあきな》・原田知世《はらだともよ》など）や歌手や、昔好きだったけど、今そうでもない人とか。

なんでも構いません。だってあなたは、いつだってどこだって行けるし、誰にだって会えるのですから。そんなイメージでトライしてみてください。

そうすると、必ず100個に近くなります。

100個出さないといけないのではなく、100個くらい出る！ということです。

100個書き出せないことに凹《へこ》まないでください。テストではありません。

しかし、100個くらい出ると、気づきがあります。

『俺って、意外とやりたいことあるんだな〜』

『私って、そういえばこんな所行きたいと思っていたな〜』

この「そういえば〜○○だった」「意外と○○だった」というきっかけが大事です。

そしてここまでの感覚は、騙されたと思って実行してみたら、100パーセントの方が実感されます。

40代や50代の多くは、過去に夢を抱いていたけれども、現実という壁にぶつかり、未達成に終わった自分に傷ついています。そして、夢を抱くことでまた傷つきたくないと思い、夢を勝手に諦めています。

逆に20代、30代の方は、子供の頃からそんなに生活に困っていないため、そもそも欲が少なく、できなくていいと思っている人が多いのですが、日本の若者に未来を感じたことがありました。

先述のワークを京都大学で実施した際に、10分間で出たやりたいことの総数が122個の学生がいました。ちなみに2位は67個、3位は61個。

常日頃から、やりたいこととは何か考え、顕在化しているので、躊躇《ちゅうちょ》せず書き出すことができたのでしょう。

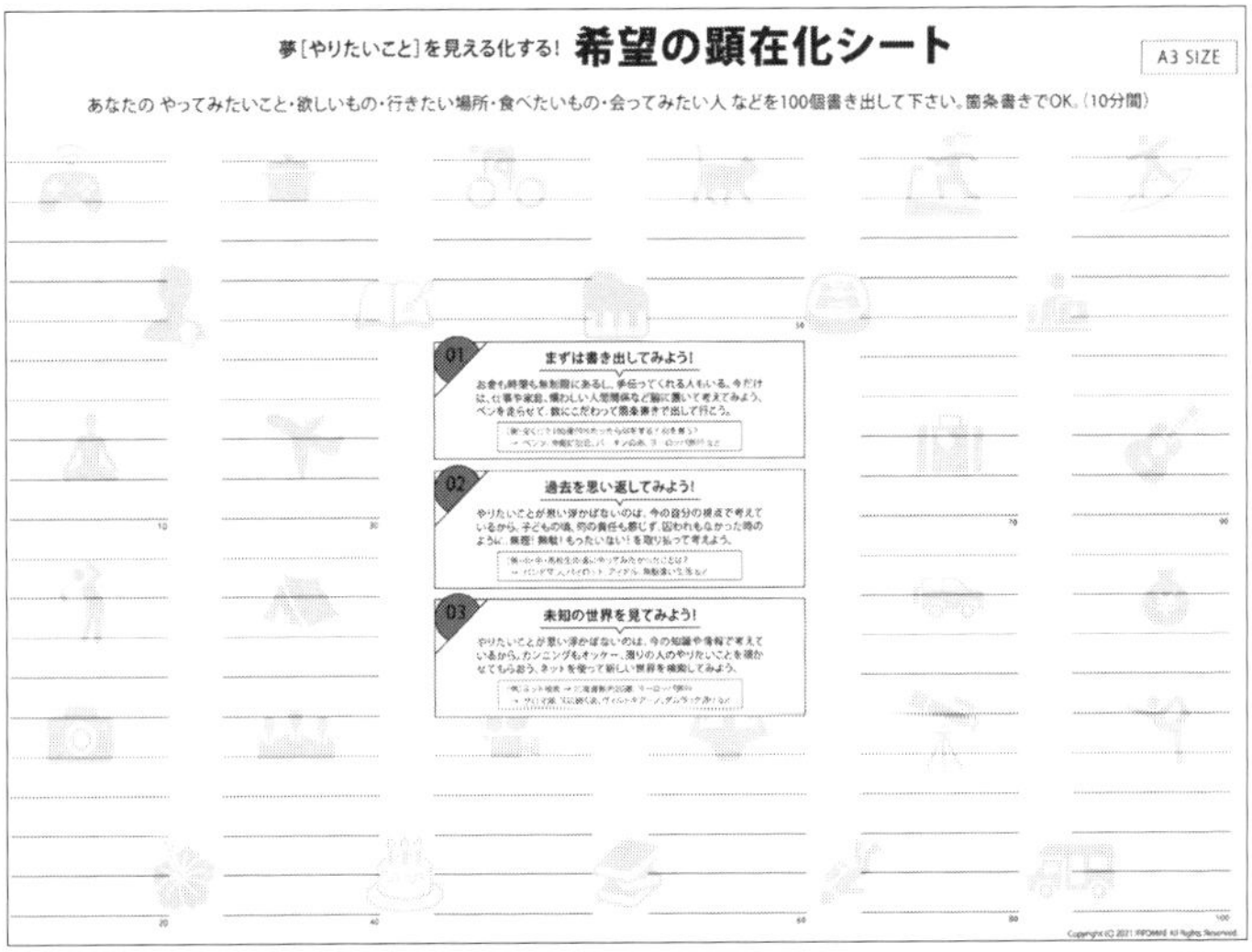

夢[やりたいこと]を見える化する! 希望の顕在化シート
A3 SIZE
あなたの やってみたいこと・欲しいもの・行きたい場所・食べたいもの・会ってみたい人 などを100個書き出して下さい。箇条書きでOK。(10分間)
01
まずは書き出してみよう!
02
過去を思い返してみよう!
03
未知の世界を見てみよう!

いくつになっても夢はある

誰にだって、いくつになっても夢や、やりたいことはあるのです。
自己啓発のセミナーのほとんどはここで終わります。やりたいことを出して終わる。
しかし私のセミナーを半年間受講した方々は必ず口にします。
「**できそうな気がする**」→「**できた**」と。

そしてここで終わるのではなく、その100個の中から、やりたいことをさらに絞り込みより具体的にして、5年以内に叶うように導きます。

これについては章を追うごとに紐解《ひもと》いていきます。そして意外とカンタンに、早く手に入りやすいことに気づくことを約束します。

第2章

できない(無理)が できるかも(可能性) に変わる

夢ややりたい事（潜在化）が顕在化する

前章で、夢や目標、過去に抱いていた夢やすでに諦めてしまった夢をまずは思い出していただきました。

本書をお読みのあなたからすれば、「ただ単にやりたいことを書き出しただけなんじゃないの？」とお思いかもしれませんが、実際にセミナーを受講された方やこのワークを実行された方は、こんな感情になっていると思います。

「そう言えば、こんなこととやりたかったなぁ」「あそこに行ってみたいと思っていたなぁ」「ファミリーカーではなく、2シーターの車に乗ってみたいと思っていたなぁ」と。

そして、その表情は意外と晴れ晴れとしているものです。仮に晴れ晴れではなくても、笑っていたり、感情表現が苦手な方でも少しニヤけていたりしているのではないでしょうか。

前章の最後で挙げたように、ここで終わるのでは普通の自己啓発セミナーであり、ただの自己啓発本です。「やりたいなあ」とふんわり感じている気持ちが具現化され、意外とカンタンに、早く手に入りやすいことに気づくと思いますので、これから実際に感じていただきます。

高すぎる目標にせず、ちょっと良い自分やちょっと高い目標にする

ワーク2
『100個の中から、5年以内に叶ったらいいなぁと思うモノを5個に絞ってください』

目標は、ちょっと良い自分や、ちょっと高い目標が良いです。
なぜ、今よりちょっと良い自分や、ちょっと高い目標が良いのか？
その理由は、人は高すぎる目標だと現実とのギャップに『ストレス』を感じ、『落ち込む』ことが多いからです。

社会心理学者でモチベーションと目標達成の分野の第一人者、ハイディ・グラント・ハルバーソン氏（コロンビア大学モチベーション・サイエンス・センター副所長）は、次のように述べています。

「現実的なレベルで目標の難易度は高めにすること。ただし、不可能なほど難しくして

しまうとモチベーションは低下します」

そして、理想（目標）と現実の乖離《かいり》が大きいと、諦めてしまう人が多いのも事実です。自己啓発のセミナー合宿に参加された方は、ときにある状態に陥ることがあるそうです。それは、睡眠時間がない中でもモチベーションを維持し、活気ある空間で過ごした非日常の合宿セミナーと、通常生活とのギャップに苦しんでしまう状態です。

ギャップがありすぎると、失敗したり諦めたりしてしまうことも多いのです。その結果、大多数の方は、失敗を恐れる傾向にあります。

俗にいう成功者は、自分の理想から考えろ！　とも言いますし、私もできればその方が良いと思います。しかしガチすぎるとシンドイので、なんと言っても『チャラい感じ＝ちょっといい』という認識がちょうどいいと思います。先述したように、ギャップがありすぎても問題なので、「ちょっと良い自分」という考え方が、ちょうどいいのです。

「できなかったらどうしよう」「また過去のできない自分になるのか？」なんて聞かれて

もいないのに、自問自答して勝手に夢を持たなくなるのです。

それは、今まで失敗を許されるような環境で育っていないことが往々にして多いからです。

「失敗しないように」「怪我しないように」「間違わないように」という言葉が人生の合言葉であるかのように、失敗しない人生を歩んでいる人が多いと感じます。だから、高い目標を作っても、クリアできなければダメという呪縛《じゅばく》にかかっているのです。

アメーバー経営でもお馴染みの稲盛和夫《いなもりかずお》氏（京セラ・第二電電株式会社〈KDDIの前身〉創業者。そして、日本航空を再建）はこう述べています。

『世の中に失敗というものはない。チャレンジしているうちは、失敗はない。あきらめた時が失敗である』

スラムダンクの安西《あんざい》先生も同様に「諦めたらそこで試合終了ですよ」と主人公たちに声をかけていますね。

「そんなことはわかっているわ！」と聞こえそうですが、私がどうだったのかというと、得意の、失敗の連続でした。

本来は「やりたい！」という欲求のほうが良いのですが、「欲求」ではなく、「やらないといけない」という「義務」だったので、やらざるを得ない状態でした。その結果、失敗に対しての免疫とそれをリカバリーする為の思考の転換を身につけることができました。

失敗からの打開策と失敗しない方法

失敗からの打開策　事例1

人材派遣時代は、お得意様からこんなオーダーがきていました。

オーダーの締切りは前日15時までなのに、18時に「明日200人、用意してくれ！」と。

翌日仕事ができるスタッフさんは100名しかいないのに、200名のオーダー。

当時の社風は、オーダーを断ることは禁止という文化が根づいていました。もちろん、私自身も私の組織のメンバーには『断り禁止』『完全受注』の通達を出していました。

集めるしかないのです。やらないといけないという『義務』なのですが、それをやる為にはどうしたらいいか？

『欲求』に切り替えるしかないのです。やりたいわけではないですが、やらないと退社できないから仕方ないのです。

運送業の繁忙期である3月は、朝6時に出社して、深夜2時まで業務をすることはザラでした。それが2週間続くのです。完全なブラック企業ですが、やらないと、どうしようもない。だから、どうやったらできるかという考え方に変えるのです。

仕事をゲームに置き換えて楽しむ

私はいつもゲームに切り替えます。その為にルールを作成しました。

1　お得意先からのオーダーの期限厳守の徹底（本来は15時）

2　最終のオーダーの前に少しずつでもオーダーをいただく

3 上得意先の事務所に弊社スタッフが張り付き、オーダーのサポート
4 仮想のオーダーを立て、事前に手配しておく

言い方は悪いですが、スタッフさんに対して、「繁忙期終了後は、グアム旅行に行ける」というニンジンをぶら下げ、その権利を獲得できるように、「バカンスポイント」というポイントを作りました。先述の4つのルールを守れたら、個人や店舗に1ポイントずつ付与するのです。上位3位までに入賞したら、旅費交通費を私が自腹で払います。

この4つのルールを、ゲーム感覚で遵守したのです。

結果としてリスクの分散になり、徐々にお客様にもご理解をいただくことができ、最終的には壊滅的なオーダーには至らなくなりました。

翌日からの改善には至らないですが、後々の改善には大きく反映しました。

ちなみにこのゲーム感覚を持ち合わせているのは、FFS理論（*）で言うと『拡散性』の方のみなので、もしかすると超がつく『保全性』の方には、合わないかもしれません。

＊FFS理論とは、組織においてチームの編成メンバーそれぞれの特性を十分に活かすこと。

失敗からの打開策　事例2

独立3年目に事業が失敗し、2,000万の借金を背負いました。

当時は、携帯ショップ専門コンサルタントを名乗っていました。

実際のリアル店舗を構えることで、より事業に信憑性を持たせたいと感じ、携帯ショップの専売店（※専売店は販売のみの店舗）を運営する権利を友人から紹介いただきました。

店舗運営には、多大の費用がかかります。内装費・広告宣言費・在庫・何より人件費が毎月かかります。当時はそれを甘く考えていたため、資金調達ができず、年利6パーセントの金利で企業様からお借りすることにしました。金融機関と比較すると雲泥の差です。

もちろん闇金でも街金でもなく、真っ当な借金ですので、怖いお兄さんが事務所や自宅の周りをうろつくことはありませんが、何せ借りたものは返済しないといけません。

店舗運営のスタッフさんの頑張りにより、最低限のノルマはクリアしていたのですが、店舗運営から3年が経過したとき店舗を手放すことにしました。

『携帯ショップ専門コンサル』と名乗っていた私が、事業に失敗したのです。

スタッフからの反対意見はありましたが、納得してもらい店舗は閉鎖。

私としては、「もう半年早ければ良かった」と判断が遅かったことを反省しました。

しかし、店舗運営を失敗したと言っても彼ら個人のスキルは高いので、待ち型の店舗運営ではなく、各店舗に訪問し、販売力やマネジメント力をお伝えし、お客様自体をボトムアップするという攻め型の事業に方向転換しました。これが功を奏します。単価が高く、必要経費は人件費のみ。そして、見事にV字回復していったのです。

とはいえ、最短で返済するのではなく、返済計画に沿って着実に返済しながら、次の策を考えていきました。

何よりも大変だったのは、「携帯ショップのコンサルなのに撤退する」というプライドを捨てることでした。失敗ばかりしてきた私ですが、「今度こそは……」というプライドはあったのです。

しかし、その決断のきっかけになったのは、世界営業三冠王の称号をお持ちで経営コンサルタントの桑原正守《くわはらまさもり》さんのお言葉でした。

「経営コンサルだからこそ、うまくいっていない事業は勇気を持って撤退する」

この言葉をお聞きした時に、「逆に失敗をここで止める！」という覚悟ができ、撤退を決断することができました。

『逆にこのプライドを捨てられないのが、ダメな経営者だ』とお聞きしたことは、目から鱗でした。

「こんなことがしたい！」という気持ちいいプラスな目標が必要だと言いましたが、マイナスの状態からどうやってプラスに転換するかを考えないと、前に進めなかったのです。

失敗からの打開策　事例3

2020年、こんなこともありました。一夜で500万が消失。

皆さんご存知の仮想通貨・FX・ミキシング・株等の金融のお話です。

その一つのFXです。

毎月10パーセントの金利で資金が増えていく、という夢のような話しで、500万が

650万まで高騰し順調に上がっていました。しかし、アメリカ大統領選挙の際、トレーダーから、「かなりのレート変動が起きるので、トレードを中止して下さい」とアナウンスがあったにもかかわらず、私は認識不足と欲深さにより、トレードを停止せず継続したままにしていました。

そしてついに、Xデーは起きました。

その日は鹿児島でセミナーを行うため飛行機で移動しており、機内でトレードを見ることができませんでした。鹿児島に到着後も、お客様と会食に行くなどバタバタと過ごしたため、結局その日はトレードを見ることなく、機嫌よく深酒し倒れるようにベッドイン。

翌日酔い覚ましの為、湯船に浸った時、トレードを見ました。

すると、時が止まりました。二度見、三度見をするというのは、本当ですね。

650万が『0』と記載されているのです。

ホテルの風呂場で、「えっ、えっ、マジか」と叫んだ後、15分間ボー然としていました。

さすがに凹みました。

しかし、仕方ないですよね。ヤラかしてしまったことは……。

まずは自分を落ち着かせる。とりあえず、ジョギングに行って一人で考えました。どうすれば取り返せるか。ギャンブルに手を出すのか、それとも事業を真面目にするのか？走りながら結論が出ました。

言うまでもないですね。真面目に仕事をして経費を20万削って30万売上を上げる。これを10ヶ月続ければ、損失した500万はリカバリーしたことになると。

その条件のハードルが高いなら、10万削減して、15万増やすことを20ヶ月続ければいいだけです。

このように、私の人生は失敗ばかりです。やらないとどうしようもない状態の中で、どうやったらクリアしていけるかがベースにあるので、マイナスからのスタートばかりです。これだけ失敗ばかり繰り返しているので、失敗に慣れてきます。

私だって、失敗をしたくてしているわけではなく、常に1回で成功したいと思っています。しかし、うまくいかないから仕方ありません。さすがに48年生きてくると傾向はわかります。

失敗は、諦めた時点で、初めて失敗と認識されます。だから、諦めずにリカバリーすればいいのです。よって私は、必然的にこんな考えになっていきました。

「失敗しないように」ではなく、「最初からうまく行かない」
「怪我しないように」ではなく、「怪我は小さめに」
「間違わないように」ではなく、「間違いから軌道修正をどうするか？」と。

高すぎる目標はクリアするのがキツイですし、現状と比較をすればハードルがかなり上がります。その理想と現実のギャップにより、人は達成しようという気持ちがなくなるのです。

目標は現在を基点に考えない。5年後から逆算して立てる。

話を戻しましょう。目標の立て方です。

ワーク2（＊69頁と同じ）
『100個の中から、5年以内に叶ったらいいなぁと思うモノを5個に絞ってください』

直近ではなく、5年後というのが『ミソ』です。1年後だとなんとなく予測がつくし、3年後でも1年後と同じように以外と近い。現状を軸に考えるようになり、ちょっと先なのであまり危機感も湧かず、思考を停止させてしまいます。

しかし、5年後だとブームも環境も世代も変わるし、「その時には今より良い自分になっていたいな」と、自分の変化にも希望を感じることができるのです。

例えば、28歳の方だと、5年後は33歳になります。いずれ来る30歳というのは認識していますが、33歳になれば、2年後には35歳。アラフォーです。焦るわけです。このままでいいのか？　どうなんだ？

そして、必ず5年後はやって来ると実感できます。平均寿命を超えそうな高齢者であれば、5年後の想像はもしかすると難しいかもしれません。しかし20代～40代の健康なあなたであれば、想像はつくはずです。

もし仮に病気であったとしても、回復できる可能性が高いわけです。


必ずあなたにも、5年後の年齢はやってきます。私だと、53歳ですね。

今、少し言ってみてください。

自分の年齢から5歳プラスした年齢と、あなたの名前を声に出して言ってみるのです。

私だと「53歳の伊達将人」です。


どうでしょう。口に出すと凹みませんか？

残念ながら5年後必ずあなたは、その年齢になるのです。

「よし！　このままではいけないな。かと言って爆上げはできそうにないな。今より少し良い自分にはなりたい！　頑張ってみようかな？」とそんな気持ちになってきませんか。

「5年以内に叶ったらいいなぁ」と思うことを決めるワークは、あまり悩まず直感で選びます。というより、100個書き出していく途中になんとなく気づいていると思います。

「これ、やりたいなぁ」「ここに行きたいなぁ」とか、「ということは、これでもいいよね」「こんなこととやりたいと思っていた」というような心の声が出てきます。

逆に「これは、要らないな」「100個出さないといけないから書いとくけど」というように、あまり気分が乗らない項目も充分にあります。

「300万貯金する！」という目標の人もいれば、「海外のディズニーランドに行く」「両親と屋久島旅行を楽しむ」など、やりたいことは様々です。

最初は、よくわからないセミナーを受けさせられて、『夢を書き出せ！』『目標を作れ！』と言われ、「胡散臭《うさん》いわ〜」と思っている受講生も、自分のやりたいことが明確になってくると、楽しそうな顔になります。

5年後のちょっと頑張れば叶いそうな目標を、5個絞る行為により、思考が変わります。

「**これいけるかも！**」「**これできたら嬉しいかも**」

この時こそ、自分の潜在意識にあったものが、顕在化する瞬間です。

さらにそれを、周りの人にアウトプットするのです。

私のセミナーでは、テーブルに4〜6人で座っていただき、ワークをする度にワークの感想と明日から行動することを明記し、周囲の参加者にアウトプットしてもらいます。

皆で見せ合うことで、友人や同僚の様々な意見を目の当たりにします。目標が、自分より高い人、壮大な人、人生を真剣に考えている人、様々な方がいることに気づきます。普段から仲良くしている同僚や友人とは、日常で5年後の目標など言い合うことがないので、友人の新たな一面が垣間見えて、刺激を受けることもあります。

それにより「自分の目標は小さかった」と気づき、もう少し大きな目標に変更する人もいます。

このアウトプットが、一番大事なのです。

弊社の『相手を知るコミュニケーションセミナー』でもお話していますが、人は五感（視覚・聴覚・嗅覚・触覚・味覚）を使ってコミュニケーションを行っています。

ワークをして振り返り、資料を見ることで視覚に訴えかけます。それだけでなく、『明日から具体的に行動すること』として、アウトプットすることにより自分が発言した言葉が再度自分に返ってきます。それにより、聴覚に訴えることもできます。

さらに、発言したことで、周りの人に『宣言した！』と認識し、気持ちへのアプローチの『身体感覚』にも訴えることにも繋がるのです。

顕在化したモノをより自分に認識させる方法

ワーク3
『目標を5つから2つに絞り、ググって調べる』

先述の5つの目標を更に2つに絞り、ワークシートに書き出します（96頁参照）。

もちろん、5つでもいいのですが、多過ぎて困惑することにもなるので、初めて実施される方は2つくらいがちょうどいいでしょう。

5つのやりたいことを一気に実行することは可能です。しかし大事なのは、それを掘り下げることができるかどうかです。

例えば、こんな目標を作ったとしましょう。

・5年後にハワイにいく
・5年後にマイホームを購入する
・3年後に車を購入する

さて、3年後や5年後はいつになるでしょうか。

今現在は2021年ですが、来年2022年の5年後は、2027年です。ですから具体的というのは、「2026年7月4日～1週間渡航する」という風に、日時を明確にするということです。そして、仮に日程を決めたら、渡航する為に必要なものを調べます。ビザ・パスポート・資金なども準備しないといけないし、そもそもパスポートを取得するにも1ヶ月以上はかかります。

まずは、しっかり調べてください。グーグルなどで検索することをお勧めします。

検索方法は次の通りです。

例えば、過去に資金不足で渡航できなかった場合、「資金」がキーワードになるので、検索ワードは以下のようになります。

・行きたいところなら『ハワイ　行き方　格安』

・欲しいものなら『バーキン　中古　格安』

すると、以前「欲しい」「行きたい」と感じていたモノや場所が、意外と安く、早く手に入ると感じることもあります。

それはなぜか。人は過去の記憶を経験として身につけるからです。

自身で調べた時に「高かった」「無理だった」として諦めたとしたら、それがこれから先も変わらない普遍的な情報だと認識し、年月が経過しても「高かった」と言うのです。だから、もう一度調べてみようとは思わないのです。

皆さんもそうでしょう。一度調べ得た情報を、またもう一度調べようと思わないでしょう。ほとんどの人がそもそも調べようとも思わない。情報は変化していないと思うのが大前提なので、調べる必要がないからです。だから、結果以前の失敗のイメージのままなのです。

もしくは勝手なイメージで『高い』と感じている場合もあります。調べずに誰かに言われたことを鵜呑みにした時によく起こりがちです。

しかし今回、調べることによって、イメージが変わってくるのです。

過去とは、金銭感覚（年収アップ）、環境の変化（ＬＣＣ等）、社会の情勢（副業可能）だけではなく、あなたの状況の変化も含んでいるからです。

その点から、もしかすると以前のイメージから変化しているかもしれません。

例えば、みなさんご存知ですか。

関西から沖縄までの飛行機代は？

離島の宮古島までは？　北海道までは？

調べていない人は、片道20、000円という方もいらっしゃいます。もちろん20年前はその金額だったと思います。しかし、最安は4、000〜7、000円くらいです。しかも、LCCではありますが、手荷物預けの最大重量は20キロですし、座席も広く非常に快適です（※2021年8月現在）。

調べてみると、意外と叶うことが多いのです。

数年前、母親と北海道富良野にラベンダー旅行をした時にも使用しました。4年経過する今でも同時のことを振り返り「ありがとうね〜」「良かったね〜」と言ってくれます。


では、海外はいくらで行けるかわかりますか。

ハワイホノルルは？　ニューヨークは？　グアムは？　韓国は？

韓国やグアムは宿代を含め、30、000円もあれば十分に楽しめます。

ニューヨークに1月に行くとしたら、幾らくらいで行けるか想像つきますか？

なんと最安で往復60，000円だそうです。私の友人がその金額で本当に行ってきました。1月のニューヨークは寒いため、渡航者が少なく航空券が安くなるそうです。彼はたまたまタイミングが良く、1月にもかかわらず、暖かくて何も問題なかったと言っていました。しかし今後はコロナによりLCCの航空会社の経営が悪化することが予想されるため、安い金額では渡航しにくくなるでしょう。

そんな状況を鑑み、今後お得なのはマイルです。LCCの航空会社の撤退が続くなら、金額が高騰することは想像に難くないでしょう。ライバルが不在となり、安くする必要がないからです。

しかし、マイルでの渡航に関しては、あまり変動を受けません。もしかすると、必要マイルが高騰するかもしれませんが……。

ですので私は、全ての支払いをマイルに換算できるようなカードを使用しており、世界一周できるくらいのマイルは貯めています。

どこかに行くということだけでも情報収集し、知識を増やすことで叶うと感じていただけると思います。

第3章

目標の明確化
&
宣言すると
希望に変わる

目標に期限はない

さあ、いよいよ目標の明確化です。

そもそも目標を明確化すると、達成できなかった時、「落ち込んでしまうんじゃないか？」と、思う人も多いかと思いますが、そんなことはありません。

そして、必ずその目標は達成できます。それは今までもお伝えした通り、その期限にできなくても構わないからです。あえてもう一度言います。

早い人であれば、12歳で中学受験から始まり、15歳で高校受験、18歳で大学受験、そして22歳で就活と、3年ごとの4月の度に、何かに所属していくことが世の常でした。

しかし社会に出ると、決算や年末や誕生日は来ても、その都度絶対に何かをしないといけないことはないのです。ノルマはあると思いますが……。

もちろん、その時々に素晴らしい成績を収めることができたらサイコーですが、なかなかそんなわけにもいかないし、どこまでいっても上を見ればキリがない。

あなたの人生です。あなたのやりたい目標を、あなたの人生の中でしっかりと叶えていけばいいだけです。

だから、途中で気が変わったら目標に向うことをやめても構いませんし、延期しても構いません。しかし、失敗する方法が一つだけあります。それは言うまでもなく、自分が諦めてしまうことです。早い遅いは関係ありません。

私は自分の本を出版するという夢に向かって、7年の月日と経費を費やしてきました。7年前は編集者の希望に応えることができず、それ以降は声がかかりませんでした。そして3年間は出版すること自体、目標に入れませんでした。

しかし、「もう一度頑張ってみよう」とエンジンがかかる時が来るのです。諦めない限りこのエンジンのかかりは誰しも必ず訪れると思っています。

『すでに達成している人』と『周りが応援してくれる環境』と『自身のお金の使い方』を整えることで、間違いなく目標は達成できます。

それも踏まえて、目標の明確化に戻りましょう。

前章のワーク3では、2つに絞った目標（夢ややりたいこと）をググっていただき、顕在化できたのではないでしょうか。

色々な感情を持たれた方がいると思います。肯定的だったり、否定的だったり。
例えば
・こんなに安いんだ！　こんなに高いんだ！
・意外とできそう！　もう少し頑張ろう！　などなど。

そして、大半の方が肯定的な印象を持たれたと思います。

私は過去10年間で、北海道〜奄美大島までの10、000人以上の方々に、セミナーを行ってきました。アンケートでは、89パーセントの方が肯定的な印象を持たれています。

順序とルール

目標の明確化には、順序とルールがあります。

1　5年後のワクワクする自分から目標を定める

アメリカのモチベーションコーチのジャネット・アットウッド氏も同様に述べています。目標について最初に教えることは「**具体的にしなさい**」ということです。

例えば「やせたい」と思うのならば、目標は「やせる」ではなく「5キロやせる」とするべきなのです。

したがって、仮に旅行するなら、「202X年7月31日～8月6日」というように、具体的にするのです。「7月末くらい」でも明確ではありません。7月末という暦はないので、7月30日なのか31日なのか決めないと、意識がボヤけてしまいます。だから必ず、目標設定の日時は明確にしてください。

2 日付設定後は、目標に対して必要なことを3～5つ書き出す

「5年後のちょっと良い自分」が目標なので、そのままの行動や思考だと達成は不可能です。

それは、「現状より良い自分が目標」ということは、何かしらの変化が必要になるからです。

夢［やりたいこと］への行動が明確になる！

あなたのいっぽまえ宣言シート!!

A3 SIZE

① 夢（ゴール）からの逆算

● 5年後のちょっといい自分

仕 事	プライベート
・ ・	・ ・

● 3年後のちょっといい自分

● 1年後のちょっといい自分

● 今まで夢（ゴール）が達成できなかった理由　（例：お金がない、時間がない、親がうるさい）

・
・
・

② あなたのいっぽまえ宣言

私、＿＿＿＿＿は、 ＿＿＿＿＿＿＿という ネガティブな感情を断ち切り、 ＿＿年＿＿月＿＿日までに、 ＿＿＿＿＿＿＿という サイコーな夢を叶えます!!	私、＿＿＿＿＿は、 ＿＿＿＿＿＿＿という ネガティブな感情を断ち切り、 ＿＿年＿＿月＿＿日までに、 ＿＿＿＿＿＿＿という サイコーな夢を叶えます!!

★ あなたのいっぽまえ宣言を達成するためのワーク ★

❶ 目標達成のために身につけたい習慣

仕 事	プライベート
・ ・	・ ・

❷ 身につけたい習慣を選ぶ（それぞれ1つ）

❸ 習慣をストレスがかからないくらい最小にする

❹ 理由（なぜ目標を達成したいのか？なぜ習慣化したいのか？）

❺ 習慣を継続する為に、誰にどんな協力をしてもらうのか？

③ あなたのいっぽまえ宣言を達成するための日々の行動

	仕 事	プライベート
❹理由（なぜ達成？なぜ習慣化？）		
開始のスイッチ		
記録方法		
❷身につけたい習慣		
❸習慣を最小にする		
習慣のランクアップ	・最初の14日間 ・次の14日間 ・その次の14日間	・最初の14日間 ・次の14日間 ・その次の14日間

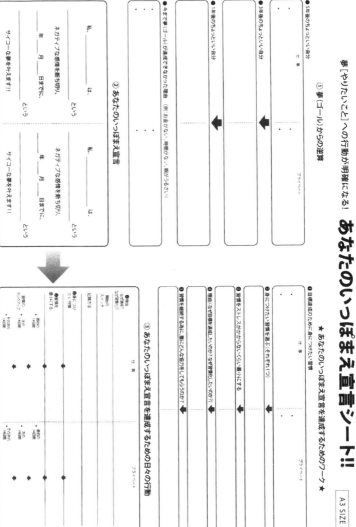

では、ダイエットを例に書き出してみます。

「体脂肪率を22パーセントから12パーセントにする」という目標を立てたとしたら、あなたは体脂肪率が22パーセントになる食生活と運動をしているという現状があるのです。

言うまでもありませんが、現状の生活を続けても、勝手に12パーセントまで落ちません。

「わかっとるわ」と言われるかもしれませんが、その通りですよね。

目標を達成するには、体脂肪率を上げる食べ物の摂取をやめたり、控えたりすることが必要になるでしょう。

ジュース・コーラ・加糖コーヒー・アルコール・チョコレート・美味しすぎる白米・締めのラーメンなどなど。記述するだけで、よだれがでます。

それに加え、新しく始めることもあると思います。散歩やジョギングなど適度な運動、ジムでの筋トレなどなど。そしてこれらを始めるには、時間が必要です。

なお、ジムに通うならお金もかかりますし、もしパートナーがいる場合は、お金や時間の協力も必要になるかもしれませんよね。

3　逆算して3年後、さらに1年後の明確な目標を決める

「2022年7月31日〜8月6日・100万円持って家族でハワイに行き、1週間ゆっくり過ごす」


このようにすると、目標の明確化は可能です。

あなたも目標を明確にすることができたのではないでしょうか。

そして今はその目標に対して、できそうな気持ちも生まれてきていると思います。

それが「できるかも……」となり、一つやってみたら意外とできた。それが一つできたら、「他もできるのではないか?」と自分自身がワクワクしてくるのです。

変化の分岐点

私の分岐点は、2016年のニューヨークへの旅でした。出版勉強会のメンバーの有志

のみが集まる同窓会がニューヨークで開催されたのです。

渡米したのはお盆の時期だったので金額も高く、現地3泊、機内1泊、往復40万円でした。

先述の通り、当時私は借金を背負い、事業がうまくいっておらず、毎月の支払いが非常に厳しい状態でした。

そんな時、私がコンサルをお願いしている三浦洋子《みうらようこ》さんから、こんな打診をいただきました。

「伊達君、ニューヨーク行くよ！」と。

経営者である三浦洋子さんは、私にとって大阪青年会議所の先輩でもあります。豊かな仲間に囲まれ、幸せな人生を送られている三浦さんを私は心から尊敬しています。その三浦さんが、同じ出版勉強会のメンバーたちに、「伊達さんは、今の経済状況では絶対にニューヨークなんか行くわけがない。というか行けない」と言われたそうです。

私に可能性を感じコンサルをしていただいている三浦さんからすると、私（伊達）を馬鹿にされたように感じられ、悔しい想いをしたことでしょう。

その発言を受けて三浦さんは、「このタイミングで伊達君をニューヨークに連れて行く！」と決意されました。

この流れで、私は半ば強引にニューヨーク行きを勧められたのです。三浦さんの打診は嬉しかったのですが、現実は火の車状態。資金繰りに奔走していた私は、最後までブツブツ言い訳をしていたことを覚えています。

そんな時に「変わりたいなら、ここで行きなさい！　根性出せ！」と励まされ、結果ニューヨークに行くことになったのです。意を決して渡米したわけではなく、断れなくて行ったのが本音です。


しかし渡米すると、さすがは世界の中心！　エネルギー量が半端ない！　タイムズスクエア、5番街のトランプタワーやティファニー本店、そして何より、人種のルツボでした。もちろん肌の色は関係なく、様々な人種が街を往来していました。

外国人という括《くく》りで、「ガイジン」を怖い、と思っていましたが、ふと思ったら、「俺もガイジンじゃん！」と感じ、ここで思考が変換しました。もしかすると東京と同じかも。

東京は田舎者の集まりと言われることを考えると、ニューヨークは世界中の田舎者の集まりかっ！　アメリカ合衆国は、51の州が集まった国です。日本で言うと、長州や播磨の国が集まった国。「じゃ、一緒やん！」この思考の転換から、一気に考えが変わりました。そして『移動の距離は成功の距離』と言われます。一度ニューヨークに行くと、それより近い国への渡航は気にもならなくなりました。ニューヨークには行きたいと思っていたけど、心底行きたいとは思っていませんでした。

きっかけは些細で、なんだっていいのです。

何か一つできたら、考え方が変わります。先述したように「一つできたら他もできるのではないか」と自分自身がワクワクしてきます。一気に気持ちが上がったのではないでしょうか。

ワクワクできなかった人へ

安心してください。このやり方でワクワクできない人もいます。

十人十色というように、人はそもそも全く違います。

人財育成を生業としている私は、様々なコミュニケーション理論を学んできました。陰陽五行論・個性心理學（動物占い）・情報算命学・バーバルとノンバーバル・NLP（VAK）・パーソナルカラー・相対性分析学FLM（Fortune Link Method）の他に現在大手企業（ソニー、本田技研研究所、リクルートグループ、LINEなど）も導入している先述したFFS（Five Factors & Stress 開発者：小林恵智《こばやしけいち》博士）理論によると人は5パターンに分かれるといいます。

その中でも特に学びに関係するのは、概念から学ぶ「拡散性」と体系から学ぶ「保全性」です。

勉強する場所：気分で変えた方がいい人　VS　固定の場所

勉強のノルマ：1週間でここまでやる　VS　日々ここまでやる

感覚：ゲーム感覚で高い目標　VS　自分のレベルにあった高い目標

※詳しくは、ドラゴン桜とFFS理論が教えてくれるあなたが伸びる学び型をご覧ください。

さらに1997年4月に一般社団法人個性心理學研究所の弦本将裕《つるもとまさひろ》先生が考案された、

中国に古《いにしえ》から伝わる「四柱推命」や密教の経典の一つである「宿曜経《しゅくようきょう》」を基礎とし、あらたに心理学的側面からの解釈を加えた人間の個性を12の動物キャラクターに当てはめるというイメージ心理学の手法を用いて体系化された個性心理學（動物占い）でいうと、

・目標思考型（目標を明確に決めて頑張れる人）と、
　状況対応型（状況に応じて対応できる人）

・未来展望型（未来のいい自分を想像して行動する人）と、
　過去回想型（過去の失敗からリスク回避を考えて行動する人）
　にも分かれると言われています。

要は、学び方が違うのです。タイプによって、目標設定方法が違うのは明白です。もちろん、国民性によっても変化します。日本の国民性は、ＦＦＳ理論でいうと、冒険心が強い「拡張型」や「未来展望型」より、しっかり地に足をつけて一歩一歩進んでいくという「保全型」や「過去回想型」タイプの人が多いと言われています。

戦後の教育方法の「和を乱すな」「みんなと一緒の行動を」「規律が大事」という教えに縛られている可能性もあります。だから、まだ見ぬ先を見るより、目の前の一歩一歩を積

み重ねる思考の方が多いです。

どうしても5年後・3年後・1年後の未来が想像できない方には、以下の方法をお勧めします。


先日のセミナーでこんな受講生がいらっしゃいました。自宅で個人サロンを経営されているHさんは、自宅で個人サロンをすることがご自身の夢（やりたいこと）でした。その夢が叶ったので、5年後の夢（やりたいこと）が見つからないと言うのです。

それもあってか、ワーク中に彼女から出た言葉は「全くワクワクしない！」でした。

目標を達成したことも要因にありますが、「5年後が未来すぎて想像できない」と。

彼女はFFS理論でいう「保全性」、個性心理學でいう「過去回想型」でした。よって、現在のお客様お一人あたりの単価や来客数、売上（粗利）金額を出してもらい、今よりどうだったらいいかを考えてもらいました。

すると、現状より売上や顧客単価を上げつつ、週4日の労働を週3日にすることで、「現状と同じ金額を算出したい」という明確な目標が出来ました。その上で1年後、3年後、5年後はどうなるのか？と計算していくと、「ワクワクしてきた〜」と喜んでいました。

逆算がどうしても苦手な人は、このように現状の数字を出し、どうなったら嬉しいかを出していく方法も一つの手段です。

過去の失敗からの脱却

さて、方法は違えども、目標が定まったのではないでしょうか。

しかし水を差すようで申し訳ありませんが、今までもそんな気持ちになったことはあると思います。けれどもなぜそれが達成できていないのでしょうか。

それは皆さんが、目標を決めた瞬間にあることを考えているからです。

『できないという諦め』です。


「そんなことはない！　今までも一生懸命クリアしようと動いてきたんだ！」と反論が起きそうですが、間違いなくあなたは諦めているのです。

あなたは今まで、この目標だけでなく様々な目標を立ててきたと思います。受験・旅行・

資格取得・購入したいもの・食べたいものなどなど。しかしその都度、何かしらの理由をつけて、未達成に終わっているのではないでしょうか。

だから本書を手に取っているあなたには「頑張ってきたのに、目標をクリアできなかった経験があった」とお察しします。そして今までは諦めてきたけど、夢を叶える方法やそのきっかけが得られると思ったから、本書を手にとっているのだと思います。

私は、夢を叶えてきていますが、先述の通り1回でクリアしてきたことはありません。

・中学に始めた新聞配達のアルバイトは、度重なる寝坊によりクビ
　↓眠たいと言う欲望
・公立高校の受験失敗
　↓勉強嫌い。やりたくない。合格するだろうと言う安易な考え
・甲子園球児に憧れるも、練習中に原付をパクって退部
　↓バレないだろうと言う安易な考え
・タイムカードを改竄、組織のマネジメント失敗、暴力により合計3度目の降格

↓傲慢さと安易な考え。

・海外への旅行

↓英語が話せないという不安と資金不足

このように考えると、本当に意志が弱い人間ですね。

皆さんも私と同様に、ネガティブな感情に向き合っていただきます。

未達成に終わっている理由の洗い出しです。

例えば、「資金不足」「時間がない」「周囲の目」「両親（家族）に反対される」「できなくてもいいわ、どうせできないという諦め」「今まで出来てないから今回もできない」「やり方がわからない」などなど。

自分の気持ちに向き合うので、少し嫌悪感を覚えるかもしれませんが、頑張ってみてください。意外と出てくると思います。

ネガティブな感情を書き出したら、前章で立てたあなたの目標に当てはめてみてください。すると1年後のあなたの目標が完成します。

96頁のワークシートに沿って出していただければ完成します。

私の場合は次の通りです。

【私、伊達将人は、自分にはどうせできない！　というネガティブな感情を断ち切り、２０２１年10月31日までに、出版、重版しベストセラー作家になるというサイコーな夢を叶えます。】

ちなみにこの目標は、７年前に一度立て、そのうち３年間は年初の目標にも入っていませんでした。昨年再燃し、最終的に立てた目標からも２ヶ月遅れましたが、やっと達成できた目標です。

第4章

継続力を圧倒的に上げる秘密のロジック

ゴール（目標）が決まりました。これからが一番大変です。

それは、ゴールに近づくこと＝「継続する」ということ。


継続することにより、日々目標に近づいていると実感することが大切です。


今、この「継続する」という字を見た瞬間に、本書を閉じようと思ったあなた。ちょっと待ってください。わかります、気持ちはわかります。

また、「そんなことはわかっとるわ！」「できるなら苦労せんわ！」という言葉が飛んできそうですが、違うのです。

継続に必要なのは、気合や根性ではありません。継続にはロジックがあります。


そんなあなたの為に、今まで何をやっても継続できなかった私が、継続できるようになったロジックをお伝えします。

ロジックをお伝えする前に、私が継続できなかった事は以下の通りです。

①高校受験・大学受験の勉強
②独立して5年間のメルマガ配信
③毎朝のジョギング
④出版の為の毎日読書

そして、ロジックを実行し、継続できた事は以下です

①音楽の成績が『2』だった私が、ウクレレを毎日10分100日間継続し音楽祭を開催。
②ウクレレの次はギターを購入し、毎日10分100日継続。
③嫌いだったトイレ掃除を、3年間継続中。
④名刺交換した方へのお礼のお葉書を3年間300通継続中。
⑤バズりもしないのにYouTubeを2019年7月から2年間500本以上配信継続中。
⑥過去3度途中で諦めたメルマガを、2017年から4年間400号配信継続中。
⑦2010年5月に起業して、会社経営11年継続中。

先述の事柄は現在も継続中であり、今では『継続力が強み』と自負し、継続方法を研修し教えるまでになりました。

皆さんもこの章が終わった時には、「これならできるかも？」という気持ちになりますから、もう少しだけお付き合いください。

目標が明確＝ゴールなのか

そんなことはありません。これからがスタートです。

過去を振り返ってみてください。例えば中学3年の夏は進路を調整する時期です。もちろんそれより早く目標が決まっている人が多いと思いますが、仮に理由や目標の大小はあっても「〇〇高校に行く！」と、決めた瞬間に入学が決まるわけではありませんよね。

しかし、世の中の自己啓発のセミナーや自己啓発本の多くは、ゴール（目標）の決め方しか伝えていません。

目標を決めたって、ゴールできないとツマラナイですよね。
ゴールする為に必要なのは「継続する」こと。
先述しましたが『気合い』『根性』？　いや違います。
継続には秘密のロジックがあるんです。

ここで、秘密のロジックを説明する前に大事なことをお伝えしておきます。
それは、失敗するには失敗する理由があるということです。

継続に失敗する理由

継続に失敗する理由は、次の3つがあります。

1　一度に大きく変えようとする

2　短期的な成果を求め過ぎる

3　なんでも自力でやろうとする

この3つの理由で、継続に失敗します。

しかも失敗に陥りやすい人は意外にも、明確な理由がある人が全体の80パーセントを占めます。ということは、そのやり方さえ変えてしまえば、継続することは可能になるということです。

「継続が苦手」と思っている人ほど、継続に失敗する思考を持っています。

そして、今までできていないからこそ一念発起して「今回こそはやるぞ！」と気合が入ります。だからこそ失敗に陥りやすいのです。

余談ですが、動物を使用した個性心理學で言うところの『未来展望型』であるペガサス・狼・こじか・猿・チータ・黒ひょうのタイプの人は特に該当します。なぜかと言うと、これらのタイプの人は、「過去の失敗は気にせずに今回こそは成功するぞ」と思う傾向があるからです。ちなみに私の生まれには、猿・こじか・狼のタイプが入っています。

逆に『過去回想型』のライオン・虎・たぬき・子守熊・ゾウ・ひつじのタイプの人は、過去の失敗やリスクを考え、失敗する際も恐れてしまいがちです。よって慎重に行動するタイプです。目標を掲げる際も、現状の自分が実現できそうな目標にする傾向があるので、最終的には継続可能タイプです。

そんな自分のタイプを理解するのも良いでしょう自分の動物は何か知りたい方は、『動物キャラナビ』で検索すると診断できますよ。

さて、本題に戻ります。

まずは、1つ目から紐解いていきましょう。

1 一度に大きく変えようとする

こんな経験はありませんか?

・毎日1冊、月間30冊本を読む—1冊目、一章で終了

・目標を立てて貯金する―3か月で断念
・マイナス8キロのダイエット―返って太ってしまった
・毎朝、ジョギングをする―三日坊主

このように、せっかく目標を作っても継続することができず、過去に何度も挫折してきた結果「どうせ続かない」と思いチャレンジすることすら諦めていませんか。

皆さんから、「そうなんだよな〜、継続は難しい……」という声が聞こえてきそうです。

これは先述した継続に失敗する理由で説明した通り、目標設定した時が一番モチベーションが高い状態なので、どんな目標でも最初は達成する意欲が満々なのです。だからこそ高い目標設定をしてしまいがちです。


どういうことかというと、例えば運動系であれば、

「毎日1時間のランニングをする」

「毎日100回腹筋をする」

勉強系であれば、

「毎朝2時間勉強してから出勤する」

「2日で1冊本を読む」

貯金であれば、

「毎日500円貯金をする」

「給与の20パーセントを貯金をする」

という大きな目標を立ててしまうということです。


今まで全く成功したことがない人が、一念発起して大きな目標を立てても、継続することはできません。

なぜならば、**人は変化を嫌う習性がある**からです。

「えっ、自分が立てた目標や理想の形に近づくのにその変化を嫌がるの？」という声が聞こえてきそうですが、そうなのです。

例を挙げて説明します。


何か飲み物を買うときは、いつも同じものを買いませんか。新製品のコーヒーが出ても

「美味しいのかな?」「買って損したくないな」と思いませんか。

通勤や通学するときは、いつも同じ道を通りませんか?

一度決めた道を使わないと、「時間に遅れたらどうしよう」「ちゃんと元の道に出るかなぁ?」と思ったりしませんか。


「理想の自分になれたらいいな」と思ってはいますが、「絶対になるんだ!」という本気には、なかなかなれないのが人の常《つね》です。

もちろん、冒頭でお伝えしたように、「オリンピックで必ず金メダルと取る」とか、「地球や世の中の平和の為、その目標を本気で達成したい」人であれば、継続できるとは思いますが、一般の人ではそうはいきません。


そこで、まずは変化を最小にするのです。

「これだったらできるかも!」というレベルです。あなたの気持ちの中で、変化を最小にするのです。

運動系であれば、

「まずは毎日ジョギングできるウェアに着替え外出する」

「毎日10回腹筋をする」

勉強系であれば、

「毎朝10分だけ勉強する」

「単語を1つだけ覚える」

「1日1ページ本を読む」

趣味であれば、

「毎日10分だけウクレレを練習する」という具合です。


先日もこんな方がいらっしゃいました。

「結婚式に備えて夫婦でダイエットしたい！」

その方（新郎）は、体重100キロを超える巨漢です。

CMでも有名なダイエットスクールに夫婦で通われたそうですが、その本気度がよくわかります。

1カ月が経過して、18キロのダイエットに成功された時に再会しました。

「私も伊達さんみたいに、走ろうかと思います。毎日何キロ走ったらいいですか？」

というご質問をいただいたので、私は、

「走る前に朝起きて着替えて外に出る、という目標を立てましょう」とアドバイスしました。


「走る」という目標は、このご夫婦にはあまりにも大きすぎます。毎朝、走る目標を立てたからといって今まで走る習慣のないお二人には、ハードルが高いのです。ましてや、雨の日にも走りに行くというのも、よりハードルが高すぎます。だから、雨が降っていない日は走らなくてもいいのです。

なるべく脳に特別な刺激を与えないように、最小の目標設定にすることです。

後日、彼（新郎）に話を聞くと、

「まず外に出ることを目標にしたら、結果走ることになっていきました」とのことでした。


そうなんです！

皆さん初動が苦手なのですが、一歩動いたら実行してしまうのです。

ちなみに私は、トライアスロンのスイム・バイク・ランの3種目の中で、スイムが一番苦手です。そもそも40歳までは息継ぎができませんでした。だから他2種目に比べて練習が楽しくないのです。しかし練習しないと早くならない。そこでスイムを練習する為、スイムパンツをスーツの下に履いたままセミナーに出て、終了後はそのままプールに行って練習をしていました。

スイムパンツを履くと、締め付けが通常のパンツと明らかに違うので、セミナー中も違和感があります。だからこそ「何の為に履いたんだろう」と思い、自然にプールへ行く流れに設定したのです。

2 短期的な成果を求め過ぎる

継続に失敗する2つ目のポイントは、短期的に成果を求めすぎることです。

先ほどお伝えしたように、気合が入りすぎてしまっている時や目標が明確になっている方ほど失敗に陥ってしまいがちです。

さて、先ほど少し触れましたが、モチベーションの質問です。

みなさん、モチベーションが一番高い時はいつかわかりますか？


それは、『目標を設定した時』です。


あなたが目標を設定した時、目標達成時の自分を思い描いたはずです。達成感で嬉しい気持ちにあふれ、最高の笑顔になっているでしょう。

しかし、モチベーションは時間の経過とともに低下していくものです。

もちろん「気持ちを持ち続けるんだ！」という意気込みは理解できます。しかし継続が苦手な私は、そんな鉄の意志を持ち続けることはできませんでした。

そのためには、自分をコントロールする力が大事なのです。

「やる」「やり続ける」という気持ちを持ち続けること。これは当たり前のことのように思われますが、ここにこそ続かない原因があるのです。闇雲に「やるんだ」と思っていてもその気持ちを維持することはたやすいことではありません。

そこで、私でも継続できるようになったポイントをお伝えします。

この章を終えたら全て理解できるのでお楽しみください。

そのポイントを実践することにより自分の意志を鍛え、「やり続ける」という気持ちを維持しやすくなります。

3　なんでも自力でやろうとする

３つ目のポイントはこれです。

自分１人で頑張ろうとしてはいけません。

「えっ、毎日一緒に走る人なんていません」「一緒に読書してくれる人はいません」「貯金を一緒にする人なんていません」という声が聞こえてきそうですが、そうではありません。

自力で行わない為の３つの方法

Ａ　同じ目標を持つ人と一緒にやる（遠隔でもＯＫ）

B すでに出来ている人に教えてもらう

C 目標を話して協力してもらう

A 同じ目標を持つ人と一緒にやる（遠隔でもOK）

仲間や家族、友だちなど基本的に誰でもいいですが、同じ目標を持つ人を探し、一緒に頑張るということです。目標を共有できる人ならベストですが、全く一緒の目標じゃなくても構わないでしょう。

私は毎月108キロ走るという目標があります。タイトルは『煩悩ラン』と名付けて楽しんでいます。

最近トライアスロンは始められたNさんは、今まで走ったことがなかったので、毎月30キロを走るという目標を掲げました。

Nさんのお住まいは九州で、大阪在住の私とは離れていますから、一緒に走ることはできません。しかし、お互いに走ったら連絡しあったり、FBで投稿したりして進捗を共有しています。

最近は、スマホのアプリが充実していて、誰が何キロ走っているかわかるものもあります。積極的に利用することでモチベーションアップにつながります。

B　すでに出来ている人に教えてもらう

その目標を達成した経験のない人に相談しても、良い答えは得られません。
そこで質問です。
あなたがフルマラソンを完走したいと思うなら、次のどちらの方に相談しますか。
（前者）マラソンを完走しようと頑張っている人
（後者）マラソンを何度も怪我なく完走しているフィットネスクラブで働いている人

いうまでもなく後者ですよね。

では、以下の質問はどうでしょうか。

あなたは現在、年収３６０万円です。これから年収1、０００万円稼ぎたいと思っています。

（前者）今年、年収７００万円を頑張って達成した人
（後者）年収1、０００万以上を10年連続達成している人

これも言うまでもなく後者ですよね。

頭では理解していると思いますが、実際はどうでしょう。自分の目標を達成している人に尋ねる行動力がありますか？
プライドが邪魔したり、「周りにそんな人がいない」と思ったりしていませんか。
達成している人からのアドバイスが、あなたにとってしっくり来ない場合もあるでしょう。しかしそれこそが、達成のための最短ルートです。

その時の注意点です。

せっかく達成した人に相談してアドバイスをもらっても、それを活かせないこともあります。そんな人の口癖は、「参考にします」です。

しかし達成したことがある人からアドバイスをもらって、素直に受け止め即実行をする人は、「実行します」と断言します。

素直に受け止められない人は「参考にします」とか「勉強になります」と応え、アドバイス通りに行動に移せません。というより、できてもないのに、わかった気だけして動かないのでしょうね。自分の経験や考えが邪魔して実行しないのです。

私も起業したての頃は、素直になれずに先輩のアドバイスを実行しなかった経験があります。アドバイスを聞いて、言葉には出しませんでしたが「そんなん無理やわ」と思っていました。今考えると、できないベクトルに自分を向かせていたのです。

やはり自分の目標を達成したいなら、すでに達成している人のアドバイスをそのまま聞き、実行できる素直さが大切です。

C 目標を話し、協力してもらう

「協力してもらう」と言うと難しく思うかもしれませんが、非常に大事なことです。

実際、私自身も行っています。

例えば、メルマガです。

私は2017年11月からメルマガを書いています。週4回配信したこともありますが、現在は週2回の配信で、400号を超え、現在も継続中です。

サラリーマン時代には、自組織内に社内メルマガを配信したり、2010年の起業以降も配信していました。

「毎日3記事書け」とか、「毎日投稿しろ」と言われることもあり、その通り実行していましたが、途中で書くネタがなくなったり億劫《おっくう》になったりして、継続しませんでした。

しかし、現在までの4年間で400号を継続しております。

これには秘訣があります。それが、今回のポイントです。

私は現在もメルマガを書いておりますが、配信するのは、別の方にお願いしています。

配信日よりも前にメルマガをその方に届けるようにし、届いていない場合は、ひと言アナウンスをもらうようにしたのです。

例えば、木曜に配信予定のメルマガが月曜に届いていない場合は、「まだ次回分が届いていませんよ」と連絡を入れてもらうということです。

これが、すごい効果を発揮しています。

自分だけだと怠けてしまったり、甘えてしまったりしますが、配信する方にも予定やスケジュールがあります。その方に迷惑がかかってしまうと、申し訳ない気持ちになります。期限が守れない自分が嫌だから頑張る、人に迷惑をかけてしまうのは申し訳ないから頑張るという気持ちになるのです。

誰かにお願いするのはなかなか難しいと思う方もいるかもしれませんが、本当にお勧めです。

継続ができない3つの理由と、その対処法を理解していただけましたでしょうか。

では、お待ちかねの継続方法をロジックでお伝えします。

継続するための秘密のロジック

1 「なぜそれをしたいのか？」と自分へ問いかける
2 行動を記録する
3 開始のスイッチを決める
4 結果を期待し過ぎない
5 自分を褒めてご褒美をあげる

このロジックをクリアすれば、誰でも継続することが可能です。

では、ひとつずつ解説しましょう。

1 「なぜそれをしたいのか?」と自分へ問いかける

言葉の通り、「なぜそれをしたいのか」、自分自身に問いかけるということです。
継続したいと思っていることに対して「なぜそれを望んでいるのか?」を掘り下げて考える。

理想や希望を書いて、なんとなく目標を作っても、なんとなくではうまくいきません。なんとなくあなたが作った目標でも、必ず何かの理由があります。
それは潜在意識になかった希望や願望かもしれません。また、マイナスの自分から脱却したいという気持ちかもしれません。

例えば、

目標1=ダイエットをしたい

なぜ?(その理由)
・成功している人たちは、太っていない(ネガティブな理由)

・太っているとモテないし、カッコイイと言われたい（ポジティブな理由）
・健康のためにも良さそうだから（イメージ）
・いつまでのキレイな女性やカッコイイ男性でいたい（欲望）

目標2＝ジョギングを継続したい

なぜ？（その理由）
・太っている＝カッコ悪いと思われたくない（ネガティブな理由）
・いつまでも若いと言われたい（ポジティブな理由）
・美味しいビールを飲みたい（欲望）

目標3＝トイレ掃除を継続する

なぜ？（その理由）
・成功者はみんな実行している（ご利益ありそう）

・トイレの神様がいるらしく、お金が入ってくるらしい（迷信？）
・トイレを綺麗にしている人は、いい人と思われそう（願望）

この時のポイントは、なるべく自分の欲望に素直になることです。


この社会の中では、誰もがいい人と思われたいのです。だからキレイな言葉を用いて、世の為、人の為という大義名分を掲げるのです。

しかし、目標を設定するのはあなたです！　そのために努力するのもあなた自身。

あなたが立てた目標を一番望んでいるのは、あなたなのです。

だから自分の欲望に素直になり、あなたの意志力を高める必要があるのです。


だからもう一度言います。

しっかりと自分の欲望と向き合ってください。

私は、「生涯カッコイイ男でいたい」「若いと言われたい」「どんどんイイ顔になっているると言われたい」「イイ身体と言われたい」と、こんな欲望です。

2　行動を記録する

ある程度継続したら、こんな気持ちが芽生えるでしょう。

「ここまで行動してきたのだから、もう少し頑張ろう！」という意欲的な気持ちです。

自分が今まで頑張ってきた行動を否定したくないからです。

それならば、自分の頑張りを可視化させてみましょう。

記録方法には様々な方法があります。

仮にトイレ掃除を目標にしたら、トイレに卓上カレンダーを置く、アプリで管理する、自宅の大きなカレンダーに記載するなど、様々な方法があります。

ただし、ルールがあります。


「**手間なく、すぐに実行でき、すぐに目に付く方法**」を選ぶことです。


継続できない人の大きな理由のひとつが「面倒くさい」という感情です。

工程が1つ増えると面倒くさい病が発病し、なんだかんだ理由をつけてやりたくなくなるのです。

お勧めしない事例は次のようなものです。

トイレ掃除の場合、卓上カレンダーにボールペンで○をすること。

なぜお勧めしないかというと、トイレにペンを置いてもいいですが、衛生に気をつける人はトイレにペンを置きっぱなしにしません。掃除後にわざわざボールペンをリビングに取りにいき、○をつけますが、そんな面倒なことは続けられないでしょう。

工程が2つあると、もう面倒くさくなるのです。面倒くさいと、正直な脳はやりたいと思わなくなります。あなたの脳がやりたいと思わないのに、きちんとやる訳がありません。

特に近年は、SNSの普及により手間を省くことに脳が慣れてしまっています。

YouTubeも以前は、広告をつけるために10分以上の動画を配信するのが主流でしたが、現在は、1分以内のTikTokやYouTubeのショート動画が主流になっています。

それに加えて、せっかちになっています。

最近では音楽も前奏がなく、いきなり歌に入る歌が多くなっています。

例えば、昭和、平成のMr.Childrenの『Tomorrow never knows』やウルフルズの『明日があるさ』は約30秒。極め付けは、B,zの『LOVE PHANTOM』は前奏が約1分25秒。それに比べて、令和のKING GNUの『白日』や、Adoの『うっせぇわ』は前奏なしです。なるべく手間がかからずにシンプルがいいのです。

お勧めの方法は、カレンダーにシールを貼っていく。クリアしたら、その日に1つ貼る。仮に1カ月実行したら、その頑張ったことがシールとして成果に残るのです。あなたの動きが、形となって現れます。

ある程度できたら、「ここまでできたからもう少し頑張ろう!」という心理になるのです。併せて、家族が見える場所にカレンダーがあることにより、家族の視線も気になります。これは次のポイント3にも紐づきます。

3　開始のスイッチを決める

継続を習慣化することができれば、ゴールに近づいていると実感することができます。

この習慣化することが大切なのですが、これがなかなか難しい。

しかし、それをルーティンにしたら簡単になると思いませんか。

例えば、みなさんはご飯って何時に食べますか？

朝食は出勤する前の7時から、昼食はお昼みがあるから12時から、夜は帰宅して一息ついた19時くらい。誰が決めるわけでもありませんが、なんとなく習慣化していませんか。

同様に、「その時間、そのタイミングになったら開始する」という流れを作ってしまえばいいのです。

開始のスイッチには、3つのパターンがあります。

①時間軸
②行動軸
③常に意識する

①の時間軸とは、月・金の19時からジムで運動するなど、時間を決めて行動するパターンで、毎日の時間が規則的な方に有効です。

公務員の方や勤務時間が固定の方は、こちらが良いと思います。アラームなどをかけることができるので、課題を確実にこなすことができます。

②の行動軸とは、「出社前に走る！」というように、流動的なパターンです。このパターンがハマる方は、個人事業主・営業マン・シフト勤務の方で、スケジュールが不規則な方には効果的です。

私は、出社時間が不規則で出張などもあるので、このパターンを取り入れています。併せて、生活に一定の規律を作ることが出来るので副次的な効果も得られます。

③の常に意識する。このパターンだけ少し異質ですが、目標が「感謝する」「祈る」「毎日良いことや新しいことを考える」というように、意識レベルの習慣の場合に適しています。常に意識する話なので、「起床してから寝る前のチェックまでに」というようにすれば決まった時間ではなく、1日という幅を持たせることができます。寝る前にチェックして、出来たか、出来ていないか確認してから寝るようにすればいいのです。

4 結果を期待し過ぎない

「結果を期待し過ぎないとはどういうこと？」という声が、聞こえてきそうなので説明しますね。

目標以上の行動をすると、それが目標だったとつい自分を過信してしまい、「これだけ出来たから次もできるんじゃないか？」「もっとレベルを上げた方が……」と、脳が勘違いしてしまい、継続することがシンドくなってしまうことがあります。

つまり、本来の目標ではなく、その時たまたま気分や調子が良いために出来たことが目標だったと勘違いしてしまい、「目標以上のことをしないといけない」と思ってしまうということです。

例えば、目標が「毎日10分のウクレレ演奏」だとして、たまたま時間があっていつもより指がよく動いたりして30分も演奏ができた時があったとします。すると、次の日の目標を30分と勘違いして、目標のバージョンアップをしてしまうということです。

もしくは、最近私は屋内のローラーバイクに乗って練習をしています。

「好きなアニメの1話分の30分間見ている間だけ、ローラーバイクで練習する」ことにしているのですが、調子がいいとつい夢中になり、2話分走ってしまう時があります。いくら調子が良くても、あくまでも1話分だけだったと認識するということです。

なぜなら、目標のハードルを勝手に自分が上げてしまうと、その後、継続する気がなくなってしまうからです。

もちろん、やる気になり、どんどん加速していくのは構いませんが、短期的に結果を得ることが目標ではなく、長期的に継続していくということが目標です。いきなりバージョンアップしても継続可能かどうかは慎重に判断し、「目標はあくまで最初の小さな目標通りにしておくこと」をお勧めします。

5　自分を褒めてご褒美をあげる

せっかく頑張っているなら、自分を褒めてあげることも大事です。

以前の日本は、「褒めるより叱る」教育法でしたが、近年は、褒めて育てる「ほめ育」が世界的に広がっています。

「ほめ育」の創始者の原邦雄《はらくにお》さんには、大変お世話になっています。

「残りこれだけやったら、あのご褒美がもらえる！」と、小学生の時にこんなことを思ったことはありませんか。

「夏休みの宿題が終わったら、海に行ける！」

受験の時にこんなことを考えませんでしたか。

「合格したら、パソコンを買ってもらえる」

脳はこう考えます。この行動をしたら、どんなメリットがあるのか。

そもそも、今まで実行してこなかった新たなことをする時は、「変化＝ストレス」を脳が感じて動こうとしません。だから動きたくないと思うのです。

しかし、脳がメリットがあると感じると、実行する気持ちが昂《たかぶ》って行動に移せるのです。

反対に、意味がないと感じた時はなかなか重い腰が動きません。

ご褒美は、大きいご褒美でもいいですし、目の前の小さなご褒美でも構いません。それはあなたのタイプによって変わります。

例えばこんなご褒美です。

・趣味に時間を費やせる
YouTubeを観る・ドラマを観る・ネットフリックスを観る・1時間ゲームをする。
・好きな物を食べることが出来る

ケーキを食べる・お肉を食べる・カロリーを減らして好きなものを食べる。
・物を買う
洋服を購入する・バッグなど小物を購入する
・ご褒美貯金が出来る
タバコを1日○本にしたら、１００円など、ルールを決めて貯金する。貯金箱が満タンになったら、ご褒美に使える。

なんでも構いません。

私の場合は、毎日小銭が出たら貯金箱に入れています。1年間貯めたら、全て投資に回しています。1年間で17万貯まりますので、それで出た配当で、また自己投資をするという循環にしています。

継続する上で必要なことは、まずは失敗する理由をしっかり理解することです。

1　一度に大きく変えようとする
2　短期的な成果を求め過ぎる
3　なんでも自力でやろうとする

この3つを実施して失敗するということがわかったら、この3つをしないことです。その逆にことを実践すれば自ずと継続に成功する流れになるわけです。

そしてこれが継続を可能にする**秘密のロジック**です。

1 「なぜそれをしたいのか？」と自分へ問いかける
2 行動を記録する
3 開始のスイッチを決める
4 結果を期待し過ぎない
5 自分を褒めてご褒美をあげる

目標達成に必要な継続を可能にするための、3つの失敗する理由と可能にする5つの秘密のロジックを紹介しました。合計この8個のロジックを確実にクリアしていくと継続が可能になるのです。

ただし、せっかく継続ができているにもかかわらず、それを認めたくなかったり、自信が持てなかったりする人もいるでしょう。

次の章では、あなたが自信を持って継続できることを確認してもらいます。

第5章

行動が習慣に変わったことを認識する5つの項目

習慣化する上で大事なことがあります。
実際に次のような傾向が現れたら、「継続できている」と認識することです。
この「継続できている」と自分が認識することが本当に大事なのです。

1 実施することにストレスが少なくなる

「その行動をしなかったら、後悔しそうな気がする」
このような気持ちの芽生えは、継続する力が身についている証拠です。

例えばジョギングです。朝、ジョギングする為にいつもより早く起きてベッドから出る。早起きは苦手な人が多いですよね。しかし、継続する力が身につくと、「せっかくこれだけ走ったんだから今日も走ろう」と思えるようになります。

私も煩悩ランをしていますが、何が一番辛いかというと、朝起きてベッドから出ることです。起きる時に、「せっかくここまで走っているんだから！」と言って奮い立たせるまでが大変なのです。

先述の「記録を取る」を毎日していると、「せっかくだから走ろう」という気持ちになり、行動につながります。

しかも、いつも視界に入るところに置いてあると、「やった方がいいな」「うん、やっておこう」と感じるのです。くじけそうな時は、やらなかったらどんな気持ちになるかを考えてください。

「あ～、あの日やっておけばよかった」と後悔するかもしれません。家族の目も気になりますしね。

目標に向けた行動をしている時だけに感じるのではなく、日々の生活の中で自然と視界に入ることにより、その認識が高まります。

名付けて『勝手にサブリミナル効果』です。

私は、今年2021年に入りウクレレを始めました。

ウクレレきっかけ師匠の山下貴子《やましたたかこ》さんからの「3日に1度やるより、10分でいいから毎日やった方がいいよ～」と助言をいただきました。毎日10分やることを日課とし、ウクレレをケースから取り出し、ウクレレスタンドに立て、気づいたらいつでも弾けるという状態を作りました。

結果『100日チャレンジ』と銘打って、毎日10分ウクレレを弾き、開始から3カ月で40曲以上が弾けるようになりました。100日継続できた理由の1つは、ウクレレをいつも目の届くところに置くことで、わざわざ弾くのではなく「サッ」と弾ける環境を作ったことです。ケースから出すという1つの動作をなくすのと、目の前にあるという、先ほどの「勝手にサブリミナル効果」です。

2　無意識に行動をしている――意識して決断を下さなくてもその行動をはじめている

「さあ、ジムに行こう！」とわざわざ考えなくても、ジムに行く時間だからという理由で当たり前のように行く。朝、起きて歯磨きをする。毎日お風呂（シャワー）に入る。このように、無意識の行動につなげます。1日の生活の一部（ルーティン）になるということです。

3　習慣する期間を決めて実行する

継続が苦手な人は、まず始めることをしません（先述した個性心理學の過去回想型の人はなおさら）。なぜなら、できない自分を認めるのが嫌だからです。

誰でも一度は何かを始めたことがあるでしょう。それがうまくいったら成功体験となり継続につながると思いますが、失敗体験が続くと、いつしか開始することすらやめてしまいます。

この「やり忘れたらどうしよう」や「続かなかったら」というような不安をなくし、やることを当たり前にする為に認識して欲しいのが、「自分は続いている」と認めてあげることです。

何かを始める時、死ぬまで続けようと思っていませんか？　逆にいつまでやると決めていますか？　途中で気持ちが変わることもあります。私の100日チャレンジのように一旦、期限を決めてもいいと思います。

ちなみに100とか1、000とか10、000という区切りのいい数字は、自分に自信をもたらします。

「100日チャレンジ」「研究時間1、000時間」「コンサル数10、000人」のように、数字にすると人は勝手に凄いと思うのです。

私も、起業10年。ウクレレ100日。メルマガ400号、YouTube500号配信。このように数で区切ると、やることに意欲が湧いてきますし、実行後は自信になります。

4　習慣目標設定に幅を持たす

継続する内容によりますが、モチベーションは、天気・気候・感情・環境により、左右されることが多々あります。

例えば、ジョギングや散歩のような、野外で行うものは天気や気候に左右されます。環境や状況により変化する目標だとしたら、「雨が降ったらこれに変更する」など少し変更してもいいでしょう。

逆に室内でできる音楽などは、そのような影響は受けないかもしれません。室内の場合、変更が少なそうです。

「夜にウクレレを弾くときはアルペジオだけにする」のように変更し、自然に行動できる環境にしてみてもいいでしょう。

5　行動が習慣化するまでにかかる日数は平均56日

人は14日間で、脳が変化するといわれています。

そして、習慣の定義は「反復によって習得し、少ない努力で繰り返せる、固定した行動のこと」をいいます。

一生懸命頑張ることには、大変な努力が必要です。できたり、できなかったり波が激しくなると習慣づかないのです。

ですから、まずは小さな目標を立て14日間だけ頑張ってみてください。

その後、習慣に変わる兆しを感じたら、目標内容を少しレベルアップさせるのです。

そしてまた14日間継続し、レベルアップして、また14日間継続する。これを4回繰り返すと56日になります。

人によっては、3回＝42日くらいで慣れてきます。42日続けば継続できるという認識になりますが、56日になると、カレンダーに自分の継続してきた結果が2カ月に渡り記録されています。それが自信につながり、また「継続しよう」という活力に変わります。

目標達成の為に必要なことを毎日実行すれば、最終的にゴールにたどり着くわけです。

その際に大事なことは、絶対に大幅な変化はさせないことです。頑張りすぎると一気にやる気がなくなるからです。

「また1から振り出しに戻る」のではなく、一度動いた事柄を一度止めると、次に動かす時に大変な労力が必要となるのです。

ご存知ですか？　初動に必要な労力の、倍以上の労力が2回目の動き出しには必要なのです。だから、ゆっくりでも進むことが大事です。

マラソンも同じです。止まったら足が硬直し、全身が攣《つ》ることもあります。それでも少しずつでも歩き続けることが、ゴールに近づくのです。

それでも、シンドイ時は……。

ちょっとだけ手を抜いてください。

そして、その自分を認めてあげてください

「今年こそは○○をするんだ！」と息巻いて何かを始めた方もいらっしゃると思います。

しかし、

1日目「毎日ジョギングするんだ！」
10日目「今日は、寒いし風邪ひいたらマズいから、明日からにしよう」
11日目「今日も寒いなぁ、もう少し寝ておこう」
13日目「まっ、いっか！　誰に迷惑かけるわけでもないし」
そして、今日14日を暖かいベッドの中で迎えていませんか？
まさに私がそうでした。
「煩悩ラン！」と銘打って毎月108キロ走ると言いましたが、やっぱり寒いのは嫌いです。しかし、「絶対にやらないといけない」というわけではないと思います。嫌になったら、ちょっとだけ手を抜いてもいいと思います。だってシンドイでしょ。

しかし、1つだけルールがあります。
それは、目標を立てた時を思い出して欲しいのです。
どうやったら思い出せるか。
「記憶」に留めておくことは、長く続きません。
人はうまく逃げるようにできており、目標を「記憶」に留めていても顕在化されていなければ見なかったことにして、記憶から消し去ってゆくのです。

では、どうすればよいのか？

それは、先述（第4章）の「記録」です。

「目標を立てて毎日実行した結果を記録する」ことです。

記録しても忘れていくものです。しかし、その何回か行動した自分の記録を見直すと、

「ここまでやったら、もう一度実行しよう」という気持ちになります。

「思い返して、もう一度やってみよう」と、振り返り思い出すことが重要なのです。

3日坊主バンザイ

継続することは、本当に難しいことと思われがちですが、そうではなく、目標設定が誤っているのです。

私を例に挙げると「毎日走る！」という目標です。

雨の日など天気のせいにして、走らない日があります。寒さや暑さなど気温のせいにも

します。二日酔いで飲みすぎた翌日もそうです。

だから、そもそもの目標を「3日坊主計画」にしてもいいと思います。

3日走って、1日休む。そしてまた3日走って1日休む。

3日坊主はサイコーです。ちょっと休んで、また始める。

3日坊主は悪い、というイメージがありますが、そんなことはないと思います。

正社員で働いている人は月に約8日のお休みがありますよね。3日出勤して、1日休むを基本で考えると同じ計算になります。

月に8日も休んでいるのにもかかわらず、10年働いたら、勤続年数10年といいますよね。

だから3日坊主でもサイコーなのです。

結果として、1カ月で22日も走っていることになるのです。

それでも継続が難しければ、また目標を少し変えてみましょう。

自分に合った目標にするべきです。

先述したように、私はウクレレを始め、最近はギターを始めました。始めた本当の理由は、周りのみんなが楽器を演奏できていて、悔しかったからです。

今は毎日10分弾くことにしていますが、今後どうしてもできない時が出てくると思いますし、弾くことがシンドくなる時もあると思います。

しかし私は、楽器が演奏できることに満足しているので、ゆるくノホホンとやっていこうと思います。

何かを決めるのも大事！

でも、それを続ける方がもっと大事！

最近は、72歳の母も毎日10分ウクレレを始め、開始1ヶ月で10曲も弾けるほどの腕前に上達しました。

会社だって、入社するよりも継続して勤める方が難しい。しかし、先述した秘密のロジックを実行すれば、必ず継続できます。

私は、そのやり方で、以下のことを継続しています。

・メルマガ（2017年11月から）
・トイレ掃除（2018年7月から）
・ジョギング（2018年3月から）

・ウクレレ演奏（2021年1月から）

頑張りすぎてシンドイなら、少し休んでください。

しんどくて休んだ後の復活の仕方

先述した通り私は、原付の免許以外は一発でクリアしたことがありません。だから必ず1回目ではうまくいかない。でも本当は、今度こそは1回で成功させたいと思っています。しかし「今度こそできるでしょ？」と思ったことでさえもカンタンにうまくはいかないのです。だから数年前から意識を変えました。

「そっか、1回で成功したら天狗になるから、試練ね」と。そう思うと凹まなくなり（ちょっとは凹みますよ）カンタンに気分を切替えることができるようになりました。

そうなるとどうなるかというと、失敗に免疫がつくのです。

それが「失敗とうまく付き合う＝自分のスタンス」ということです。

正確には失敗ではなく、できなかったということの「学び」。
うまく付き合うとは言いますが、やはり気持ちは凹みます。だから、一回休憩します。
やめるのではなく、「一度休憩する」ということです。

先日、ある方からインタビューを受けた際、このような質問をいただきました。
「様々なことに挑戦され、新しいことを取り入れていらっしゃる伊達さんですが、全部
やると、時間や気持ちが苦しくなることはないのですか？」と。

毎月、毎日やることは、めちゃくちゃあります。
1カ月108キロの煩悩ラン・執筆・セミナーや新事業の資料作り・ウクレレ、ギター・
腕立て・ストレッチなど、数え始めればキリがありません。
そのため私は優先順位をつけて、やることとやらないことに分けています。やらないと
いうより、今は「置いておく」という感覚です。
「やめる」「省《はぶ》く」というより、一旦脇に置いておく感覚なので、「また思い出したら始
めよう」という感覚です。

長い人生、今にフォーカスする必要はないのです。

マラソンに例えるなら、めちゃくちゃシンドイ時は歩きます。そして、またゆっくり走り出す。時には止まることもあるでしょう。ストレッチすることもあるでしょう。

もしくは、ブームとして考えてもいいです。

趣味って、やり始めた時は気持ちも昂《たかぶ》り一気に実践しますが、突然飽きたりしませんか。

なんでも、やる気が上がったり下がったりするものです。

先述した通り、やる気は目標を立てた時が一番高いのです。

私もゴルフを始めた時、仕事後は大好きなお酒も飲まずに、週4日ほど午前3時まで打ちっぱなしで練習しました。しかし、今はさっぱりです。


ちなみに出版は、9年前に初めて出版したいと思い、7年前に出版講座に参加しましたが、しばらくは夢叶わず。そして1年半前からまた縁あって出版したいと思うようになり、このたび、やっと本を出せることになりました。

だから、波があっていいのです。

子供の頃はいつまでにという期限が決められていることが多いのですが、大人になると仕事以外期限があるものは、ほとんどありません。

いつ叶えてもいい、と変換するのです。

その時はクリアでなかった日課や課題や夢も、何年かかっても結果的にクリアすれば良いのです。

これが世の中に言う「しぶとい」「継続」「諦めない」ということになります。


だから私は「しぶとい」のです。

何回もやります。そして最終的にはクリアします。やりたいなら、諦めないことです。

ゴールではなくてスタートです。失敗しても、その度にリスタートすればいいのです。

でも、諦めたらそれで終わりです。

時間をかけてでも、しっかりクリアしていく。真剣に頑張ってやるのではなくて、気持ちの波に寄り添いながら、諦めずに進むことで必ず達成できるのです。

第6章

目標達成の為に必要なたった１つのこと

仕事とは、そもそも楽しいモノではない

これまでは個人に焦点をあてて解説してきましたが、最後に会社における継続的な働き方に視点を変え、「目標を達成するために必要なたった1つのこと」をお伝えします。

いわば私の本業ですね。

どのような意識で働いているのかが重要

生活のため、家族のため、毎日仕事だから仕方なく出社している。これが日常かもしれませんが、そんな人はどんな顔をしているでしょうか。

私は通勤や出張の際に、出勤途中のサラリーマンたちの顔をよく見て歩いています。つまらなさそうな顔で、携帯を見ながら猫背で歩いているのを見かけます。

例えば、毎日出勤のために朝6時に起床し、仕事を終えて19時に帰宅する。1日の半分に当たる13時間の間、楽しくない、つまらない顔をして過ごしている人が、幸せな人生を送られているとは思えません。

「笑顔＝幸せ」とも言い切れませんが、「つまらない顔＝幸せには100パーセント該当しない」とは言い切れます。

私も、23歳でベンチャー企業に入社し、深夜に及ぶサービス残業は多々経験してきました。3月の繁忙期は朝6時から深夜2時までの20時間勤務をする日が2週間に及んだこともありました。事務所に泊まることも度々。通勤に往復2時間かかったので、帰宅するより会社で寝た方が楽だったのです。

最近は、そんなブラック企業は少ないかもしれませんが、私はその頃からどんな時でもあることを意識して仕事をしています。それは、たった1つ。

「どうやってそのシンドイ状況を楽しもうとしているか？」

もちろん、劣悪な環境じゃない方がいいのです。

楽しくない仕事・面倒くさい仕事・やりたくない仕事・苦手な事・人が嫌がる事など、

数え始めるとキリがありません。

私は、楽しく稼ぐというゴールにたどり着くことができるかのみを考えて仕事をしています。

例えば、上司命令で山に登らないといけないという状況に陥ったとしましょう（実際そんなことはなかなかないと思いますが）。

あなたならどうしますか？

「行きたくないなぁ」「面倒くさいなぁ」と思うでしょう。

しかし、どうせ同じ時間を過ごすなら「どうやって過ごしたら、まだ楽しめるか？」を考えてみてください。

私は、「これで筋肉がつく」と置き換えて、筋肉痛も楽しみます。いや、楽しもうとするでしょう。

この楽しもうとすることが、夢を叶える為に最も必要な思考なのです。この思考が表面に出た時に『笑顔』になるのです。

仕事はつまらないもの。やらないといけない「業務」は、つまらないもの。
しかし「どうやったら楽しめるか？」という思考にすると楽しめるはずです。

とは言っても、新入社員や入社間もない人が「楽しむ思考」になるのは、非常に難しいことです。だから、新入社員のパフォーマンスを上げるには、人生経験と社会人経験が豊富な責任者の手腕にかかってきます。

社内の責任者に求められることは、私に求められることとは違います。私に求められることは先述の通り、「とにかく楽しく仕事をすること」ですが、社内の責任者に求められることは、「仕事で成功しているということを、社員に実感させること」です。

どんなにいい給料や環境で働かせてもらっても、仕事がうまくいかなかったら辞めるでしょう。しかし、どんな環境でも仕事で成功していたら退社はしません。

「楽しい＝成功していること」なのです。

成功していれば、仕事はとても楽しいと思えるのです。

その為には工夫が必要です。

どうやったら楽しめるか？　どうしたら、今の状況を打破できるか？　ゲーム感覚でいいのです。自分がどうしたら楽しめるかを考えるのです。

プライベートの目標を達成するには、時間もお金も必要です。そしてそのためには、仕事をする必要があります。

私が常にセミナーで受講生に伝えている大事な言葉をお伝えします。

「仕事は夢（やりたいこと）を叶えるための一つの手段である」
「人生は夢（やりたいこと）を達成する為にある」

仕事は生活のためではない、自分がやりたいことを達成する為にあります。やりたいことをする為には生活で必要な金額以上を稼ぐ必要があります。

仕事を楽しめない人＝しかめっ面で働いている人が稼いでいるイメージはありません。

だから、仕事も楽しむ必要があるのです。

もちろん、仕事とプライベートを割り切っている人もいるでしょう。それはそれでいいのです。

しかし、もし何か変化を与えたいなら割り切って、仕事をしている時は役者になり、切り替えることができれば良いのです。役者としてでも笑っていることができたら天才です。

私も真面目に考える時は、近寄り難い厳しい顔をしている時もあります。真面目になる時でさえ、ニコニコできれば素晴らしいですが、それはなかなか難しいことです。だからこそ、意識して笑顔でいるようにするのです。

しかし笑うといっても、「何も良いことがないのに笑顔にするのは難しい」と思っているあなた。相手からカンタンに笑顔に見える方法があります。両奥歯を噛んで口を横に開いてください。ニヤけていると感じるかもしれません。しかし、他人からすると、ニヤけているようには見えません。元々普通の顔より柔らかい印象を感じるだけなのです。

プライベートの目標を達成するために必要なたった1つのことは、

「仕事を楽しむことができること」といえます。

あなたができる人かどうかはすぐにわかる

ここまでお読みいただきワークを実践されたあなたは、すでに明日から何をすれば良いか、そしてあなたの日々の一歩がゴールにつながることを理解されていると思います。

先述した通り、習慣とは、

「反復によって習得し、少ない努力で繰り返せる、固定した行動のこと」

です。

しかし、皆さんまだ実践できませんよね。

私は本を読みながら、実践できたことはありません。

いや、一つだけありました。禁煙セラピーですね。

禁煙セラピーは、「読んでるあなたへ、まだタバコを止めないでください。吸い続けてください」と問いかけます。

仮に「夢や、やりたいことを絶対に叶えるんだ！」と本気で思っている人は、すでに実行しているかもしれません。でもすでに何かに対して本気の人は、本書を手に取っていないと思います。

そして本書を読まれている人のほとんどが、まだ本気で取り組まれていないと思います。

本書をお読みいただいているあなたは、「すぐ動いてないのは、まだ読んでいるから仕方ない！」と思っている（言い訳する）かもしれません。

なぜそんなことを言えるかというと、私もあなたの気持ちがわかるからです。

私も同様に本気ではないです。私もあなたと同じように思い、過ごしています。

もしあなたが私に違いを感じているならば、その違いとはあなたより少しだけ早くチャレンジし、その都度、失敗したり諦めたりし、少しだけ悔しくて再度立ち上がって、またチャレンジ。そしてまた失敗したり成功したりしていることです。

一度失敗しても、また同じ過ちを繰り返すこともありますが、人間誰しも以前よりは知恵が働くので、少しうまくやったり、自然と出来たりします。

そして「次はうまくやろう！」と思っても、また「ヤラカシ」ます。

その時成功者が言う言葉は「諦めない！」「絶対やるんだ！」「やると決める！」です。

先述したように、そんなことはわかっているのです。でも出来ないのです。

それが大半の人です。

そして、私も同様に思います。それが普通ですし、諦めるという選択肢があってもいいと思います。


しかし、あなたは、本当にそれで良いですか？

私は、ちょっとイヤです。

私は「楽しいと思える人生にしたい」です。

もしくは、「自分のやりたいことができる人生にしたい」と痛切に感じるようになりました。

私は、「所得にあった生活をしなさい」と母に育てられました。

もちろんそれは大事だと思います。そうすればリスクも少なく生きていけるかもしれません。

しかし、いつまでもあなたの安心できる空間にいても状況は何も変わらないのです。

ベタすぎますが、「友はあなたの鏡」「類は友を呼ぶ」という喩えがあります。

あなたの周りにいる友人を見てください。どんなタイプの方でどんな口癖の人がいますか？

態度で言えば「ガラが悪い人」「言葉使いが悪い人」「グチばかりこぼす人」「コンビニ、居酒屋のスタッフさんに対して横柄な人」「すれ違っても挨拶をしない人」。

口グセが、「あいつのせいで」「コロナのせいで」「コロナさえなければ」「昔は良かった」と過去に起きた変えようのない事実をグチる人。

経営者には経営者の仲間が増えます。お酒好きにはお酒が好きな人が、ゴルフ好きにはゴルフが好きな人が、トライアスロン仲間にはトライアスロンを好きな人が、というように、あなたの周りにはあなたに似た人が集まります。

つまり「**あなたの周りの友があなたの鏡**」です。

以前、私の周りは、ナンバーワンを目指す仲間ばかりでした。もちろん私もナンバーワンを目指して生きてきましたし、今でもナンバーワンになりたいと思うこともあります。

しかし、人財育成コンサルタントとして、主に企業の入社3年目までの20代の若者を中心にモチベーションアップとコミュニケーション力アップのセミナーを実施するうちに変化がありました。

10年前、38歳の私の存在は、受講生の兄貴的存在でした。

当時は、昔のやり方や考え方を中心として「やるんだ！」「やりきるんだ！」と伝えていました。しかし、年月を重ねる度に違和感を覚えました。

以前のやり方ではどうしても、今の世代の人には響かないのです。

「昔はこうだった」とか「最近の若いモンは」と言うのはいいのですが、その時代に戻ることは絶対にありません。

今は、「ナンバーワンになりたい」と言う若者より、「オンリーワンでいい」という若者が増えました。オンリーワンという言葉は非常に都合がよく、やらなくてもいいという意味を含んだ言葉です。

あなたがオンリーワンでも構いません。ただあなただけのナンバーワンを叶えて欲しいのです。

なんとなく生きている中で「1番じゃなくていい」と言うのではなく、自分で可能性を開くためにも見聞を広げ、自分の限界に勝手に蓋をしないで欲しいのです。

魔の三角地帯からの脱却

可能性を広げるために必要な「見聞」を広げるには、魔の三角地帯から脱却しなければなりません。

それは、

家庭――職場――居酒屋のラインです。

「行ってきます」と出社し、いつものメンバーで仕事をし、いつものメンバーといつもの昼食を取り、何気ない会話をする。

仕事が終わり近くの居酒屋で飲む。その内容は、行政や政治の批判・昔の栄光・上司やお客様のグチ・同僚や部下の妬みや文句。時々居酒屋に行くと、そんな会話ばかり聞こえてきます。

もう一つ言うと、地元にしか友人がいないとなると問題です。

もちろん、あなたの友人を否定することはありません。しかし、「類は友を呼ぶ」と言うように、あなたの価値観や概念と同じ人が集まります。

だから決して、その中で突拍子もないことを口にする人は少ないはずです。もし仮に言おうものなら、「やめとき」「危ない」「やって意味あるの？」「何を考えてんの？」と必ず否定されます。否定されると居場所がなくなる自分を恐れ、「行動」することにストッパーをかけます。マズローの5段階欲求の3つ目の「所属」の欲求を満たしたいからです。

あなたが、今のままで過去30年の日本がこのまま続くと思っているなら、それも幸せかもしれません。しかしそんなことはありません。すでに終身雇用も退職金も年金制度もない企業もあります。45歳で定年退職制度もあるという話を聞きます。

今までの考えを刷新《さっしん》して欲しいのです。とはいえ、いきなり刷新することは難しいので、少しずつ変化してもらいたいのです。

前述したように、人の脳は「変化＝危険」と認識します。だから、人・モノ・金・場所を変えることに躊躇し、恐れるのです。

しかし、少しだけ勇気を出して新たなコミュニティーに参加してみてください。家庭・職場・地元のツレだけでなく……。

私は、少なくとも10のコミュニティーに属しています。トライアスロン・マラソン・ダイビング・音楽・ゴルフ・お城・飲み。勉強仲間には出版・自己啓発・コミュニケーションの3つがあります。

これだけあると、刺激がありすぎるほどです。

私の知らない世界や私が目標としていることを、すでに全て叶えている方々はたくさんいます。すると、知らない世界を手探りで進むのではなく、わかっている人に教わることができるので夢の実現が加速化します。

そして、新しい自分に気づくことも出来ます。

私の友人のSさんは、裕福な家庭に育ち、有名大学を出て、難なく就職し、何不自由なく過ごしてきました。

これまでSさんは、時代の変化にかかわらず幸せな人生を歩んできたと思います。しかしこの3年で、人（出会う人）・モノ（趣味）・場所（転職・引越）が変わり、お金を使うところも変わりました。この変化が素晴らしいことに、本人はあまり気づいていないようですが……。

変わろうと思って変わったわけではなく、一つずつ行動していった結果変わったのです。今ではトライアスロンも始め、「いろんな世界が見れて、めちゃ楽しい」と仰《おっしゃ》っています。

本書は、いっぽまえに踏み出したい、あるいは踏み出し方がわからない方に読んでもらい何かのきっかけにしていただきたいのですが、一番読んでもらいたいのは、私の子供たちです。

子供には社会に出る前に、読んで欲しいと思っています。これからの社会をどんな思考で生きていけばいいかを、知ってもらいたいのです。

もし社会に出る前に読めなくても、なるべく早く読んでもらいたいと思います。一番大事な子供に伝えたい気持ちを、あなたにもお伝えしたいと思います。

あなたも『**いっぽまえ**』に踏み出して欲しいのです。

本書でご紹介した内容を忘れずに繰り返すと必ずあなたは前に進みますし、進んでいると実感することができると思います。

行動あるのみ

どんな小さなことでもいい。調べることでもいい。まずは動くことです。

調べること＝行動するに該当しないイメージがあるかもしれませんが、それは違います。調べること自体、動いていることです。調べないと、現時点の自分の立ち位置がわかりません。調べることは立派に動いていることです。

そして、自分が行動したことを褒めてあげてください。

「えらい！」と自分の頭をヨシヨシしてあげてください。

自分自身を褒めないと、誰も褒めてくれません。

行動して、決断して、その度に壁にブチ当たり、そしてまた変化して今の私があります。

行動あるのみです。間違いもある。失敗もある。しかし全て『リベンジ』はできるという認識を持ち、小さいことからすぐに変えていってください。

それが、目標を達成するために必要なたった1つのことです。

おわりに

私、伊達将人はもうすぐ50歳を迎えます。

１９７３年、長崎原爆の爆心地から2キロ以内に産まれ、明治維新の長州で育ち、高校卒業後は、「一旗揚げる！」と息巻いて商人の町、大阪に上京して30年が経過しました。

学歴・コネ・お金と全てゼロからのスタートでした。本書にあるように中途半端な私が会社を経営し、一つの節目となる10年が経ち、７年前に夢見た『出版』をも実現することができました。費やした時間と費用は多大でした。

出版に至るまでも、幾度となく挫折を味わいました。最初は、どこからも声がかからない。次は、声をかけていただいても、他者との違い（＝自分の強み）を出せない。そして、文章が書けない。少なくとも3度以上の挫折を味わいましたが、今やっと１つの夢を叶えることができました。

出版に限らず様々な夢を叶えることができたのは、様々な要素があると思います。

本書やセミナーでは、「ゴールからの逆算」と皆さんにお伝えしてきていますが、幼少時代から「ゴールからの逆算」をして生きてきたわけではありません。常に先を見て構想を練り、行動してきたわけではありません。そんなに賢くありません。

ぼんやりと未来を見て、その時々において生きていくためには、どうしたらいいか、何をするべきなのかを最優先に考え、そして何より行動してきました。それだけです。

しかし様々なことを学ぶと、キチンと目標を立て、実行することが「ゴールの近道だ」と気づいてしまいました。目標を設定し、ゴールからの逆算をするのはもちろんですが、私が夢を叶えてきたコツが他にあるとするなら、夢を叶える為に必要なことは、次の4つだといえます。

①自身のくだらないプライドを捨てること＝柔軟性
②変化にストレスを感じずに、常に行動すること＝行動力
③年齢・性別・役職・関係なくプロの声を聞くこと＝素直さ
④そして何よりも大事なこと＝ハッタリ力

幼少時代のトラウマからの脱却、時代に乗ったベンチャー企業への就職、多大なる失態により昇格・降格を繰り返し、掴みかけた成功から一転、廃業（上場企業）そして独立、業態や肩書きの変更などなど。

その度に、たくさんの方々にお声をいただいてきました。そして、その都度行動してきました。

夢を叶える為に必要なことは、全て人との出会いから学んできました。

文中に出させていただいた方以外にも、私のターニングポイントには必ず人がかかわっています。

バイト時代の大阪ミナミのキャバレーの部長、派遣会社時代は、問題児の私を厳しくも温かく見守っていただいた先輩、私がセミナー講師になるきっかけを与えていただいた田中みのるさん、セミナーを全国に紹介してくれた友人の橋本直樹さん、新人社員研修に特化するきっかけとなった高岡和也さん・飯塚卓也さん、そして仙台の蛯原賢至さん、人脈の幅を広げてくれた上田純子さんや北村健くん。トライアスロンチームＢＲＡＶＥの八尾彰一監督やトライアスリートの皆さん。

そして出版についても、出版勉強会の仲間やプロデューサーの先生、名もない私に出版のチャンスを叶えてくれた知道出版の松原大輔様には、『感謝』の言葉しか出てきません。

本当にありがとうございました。

このように、書き尽くせないほどの方に出会い感銘を受け、その都度壁にぶつかり、成長して、今の私が形成されています。

繰り返しになりますが、サラリーマン時代の私は、「勝ち組になりたい！　負け組になりたくない！」と、斬った張ったの世界で『ナンバーワン』を目指し、絶えず人と比較をしてきました。

「自由でいたい！」と思い独立したにもかかわらず、当初の3年間が精神的にも金銭的にも一番厳しい時期でした。利益を第一に考える結果、信頼をなくしたこともありました。

もちろん、売上や利益がなく、理想や希望だけでは飯を食ってはいけません。しかし、確実に考え方が変わってきました。

それにより、発する言葉にも変化が現れています。

例えば『契約をとる』という言葉。営業マンは一般的に『とる』という言葉を使います。しかし、漢字に変換すると『獲得→獲る』ということになります。契約を獲るということは、相手は私から何かを奪われるという意味です。『契約をさせていただく』『仕事のお手伝いをさせていただく』このような言い方になるのではないでしょうか。

そう考えると勝ち負けではなくなり、『楽しみ組・楽しませ組になる』となりました。

最短でなくても、爆速でなくても、『まずは自分が本気で楽しむ』『楽しんでいる自分を楽しむ』『遊びを全力で楽しむ』

来年は数え年で50歳。あの織田信長の年齢を超える年になり、生を受けてから半世紀になります。文中でもお伝えしましたが、40歳に近づくと「もう40だから」「いい歳なんで」と言う声をよく聞きますが、今は『人生100年時代』。それを考慮すると、残り50年もあり、まだまだ人生は長いと感じます。

信長は本能寺にて謀反にあい、志《こころざし》半ばで力尽きましたが、私の人生はこれからまだまだ続きます。私はこれからも年齢など考えずに、時代に沿って形を変え進化していきます。

私だけでなく、本書を手に取っていただいているあなたも同じです。人によって価値観は違うので、何が正しいかはわかりませんが、私は『勝ち組・負け組ではなく、楽しみ組そして楽しませ組』を求め、これからも人生を楽しく笑って過ごしていきたいと思っています。その姿で先陣を切って、進んでいきます。

その人生を楽しむ思考をお伝えするのが『楽笑塾』であり、ビジネススキルを身につけるのが『楽笑アカデミー』、そして継続する習慣形成を体感できる『楽笑モーニング』です。

どんな方に何をお伝えしているかというと。

・社会に出る前の学生さんには、『これからの人生は楽しく輝いている』ということを。
・義務教育を終え、社会に出たばかりの20代の若者や、社会に慣れて「人生はこんなもんだ……」と俯いている方には、『今からがスタート』ということを。

・結婚をして、家族の為に働いている世のお父さん、家事や子育てに追われ、自分の時間がない主婦やシングルマザーの方には、『人生はもっと楽しい』ということを。
・子育てが終わり時間に余裕ができ、残りの人生を『どう楽しもうかな』と思っている先輩方には『今からでも楽しめる事は無限にある』ということを。

そんな気持ちをお伝えしています。常にいっぽまえに踏み出し、行動し続ける人財を世界中に増やすことが私の使命です。もし、いっぽまえに踏み出す為のきっかけが欲しければ、お声がけください。いつでもお手伝いします。


なぜそんなことが言えるのか？

それは弊社名が「株式会社いっぽまえ」、2社目が「株式会社フミダス」であり私の理念が、**『常にいっぽまえに踏み出す勇気を持ち、行動し続ける人財を世界中に増やす』**だからです。

私は企業様の営業力アップ（販売力）の研修から始まった10年前から、お客様や時代のニーズに応え、コミュニケーション研修そしてモチベーションアップ研修を実施し、人財育成コンサルタントとして活動しています。

現在は企業だけでなく、先述したように個人の方ともかかわり、老若男女問わずに、日本全体に、いや世界中に『**いっぽまえに踏み出す**』人財を増やし始めています。

最後まで私にお付き合いいただき、誠にありがとうございます。

私みたいに中途半端でも『諦めず、継続すれば夢を叶えることができる！』。

あなたの人生の好転のきっかけになればと思い、本というツールでお届けさせていただきました。

人生は『笑顔』で周りの人を明るくさせ、金銭的にも精神的にも『豊か』で、どれだけお金や時間があっても『健康』じゃないと楽しくない。

人生は山あり谷あり。一筋縄ではいきませんが、それも含めて『人生楽笑や！』と思える笑いがある人生にしたいと思いませんか？　私はそう思います。

いかがでしたでしょうか。本書をご覧いただき、現状より一歩前に踏み出すきっかけがあなたに芽生えたら嬉しいです。

最後に、この方々にお礼を言わないとペンを置けません。

私をこの世に送り出してくれた両親。特に厳しい経済状況下にもかかわらず、私と弟を女手一つで育ててくれ、どんな時でも味方でいてくれる大好きな母。母には感謝しても感謝してもしきれません。本当にありがとう。これからも元気でいてください。

常にいっぽまえに踏み出す人財が世界中に増えることを望み、いつかどこかであなたに会うことを夢見て、締めさせていただきます。

2021年12月吉日

伊達将人

『人生楽笑」公式ホームページ

編集・パインマツ
校正・瀬上友里恵

著者プロフィール
伊達将人（だて・まさと）

株式会社いっぽまえ　代表取締役社長。

楽笑塾塾長。楽笑アカデミー校長。日本いっぽまえ協会会長。

一般社団法人個性心理學研究所・認定講師カウンセラー（ID-1003474 号）・色彩技能パーソナルカラー検定・7 つの習慣ボードゲーム公認ナビゲーター・国際 FLM 協会　FLM 診断士。

1973 年 1 月 30 日長崎県長崎市生まれ、山口県山口市育ち。1995 年大手人材派遣会社に入社。３度の降格を経験するも４度の No. 1 に輝く。最終は西日本エリア管掌部長（岡山〜沖縄）に就任。400 店舗、スタッフ 1,200 名の指導にあたる。同社廃業後は、大手通信会社に転職し、入社後３ヶ月で No.1 に。２社合計５度の№１に輝く（社長賞含む）。

2010 年に法人携帯販売会社として起業し、業界平均の４倍を販売。その後営業力 UP コンサルを経て、モチベーション＆コミュニケーションの人材育成コンサルタントへ。上場企業から京都大学まで、全国 50 社以上とコンサル契約を結び、セミナー回数 500 回、研究時間 5,000 時間、受講者数 12,000 人に及ぶ。2020 年 9 月コロナ渦にもかかわらず、4 週連続単月 10 社と成約。

株式会社いっぽまえの他、株式会社フミダス、株式会社 TE-DA も代表を務める。

現在は、『笑顔で豊かに健康に』をモットーに、楽しむ思考を学ぶ『楽笑塾』。ビジネス思考を学ぶ『楽笑アカデミー』。継続力を体感し、身につける『楽笑モーニング』を開校。

YouTube は、配信数 500 本を超える。

少《すこ》しの勇気《ゆうき》でムリせず身《み》につく成功習慣《せいこうしゅうかん》

2021 年 12 月 24 日　初版第 1 刷発行
2022 年　1 月 26 日　第 3 刷
著　者　伊達将人
発行者　友村太郎
発行所　知道出版
〒 101-0051 千代田区神田神保町 1-11-2 天下一第二ビル 3F
TEL 03-5282-3185　FAX 03-5282-3186
http://www.chido.co.jp
印　刷　音羽印刷

ISBN978-4-88664-347-6